AI는
말하지만 우리는
생각을 합니다

AINIHANAI「SHIKORYOKU」NO MINITSUKEKATA —KOTOBANO MANABIHA
NAZETAISETSUNANOKA?

by Mutsumi Imai

Illustrated by Natsuki Suyama

Copyright © Mutsumi Imai, 2024

All rights reserved.

Original Japanese edition published by Chikumashobo Ltd.

Korean translation copyright © 2025 by Booksea Publishing Co.

This Korean edition published by arrangement with Chikumashobo Ltd., Tokyo, through Duran
Kim Agency Co., Ltd. and The English Agency (Japan) Ltd.

AI는 말하지만 우리는 생각을 합니다

직관부터 추론까지,
인간만이 가진
사고력 키우는 법

이마이 무쓰미 지음
이현욱 옮김

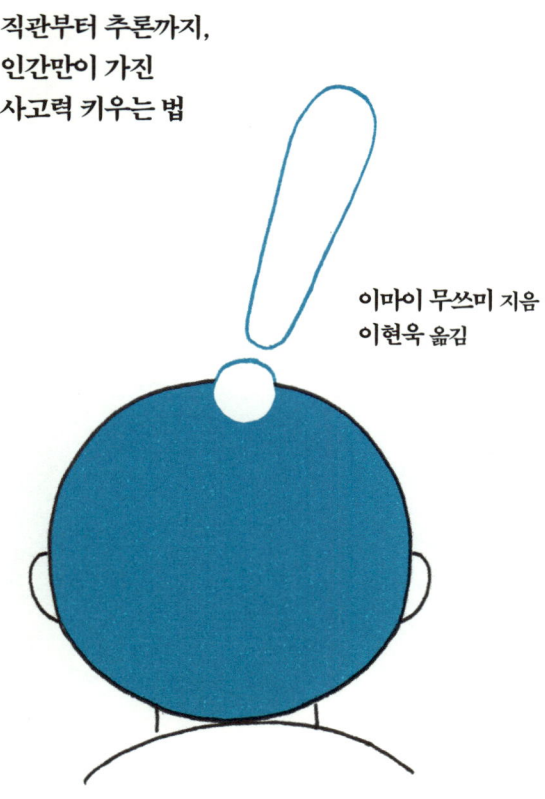

서해문집

프롤로그

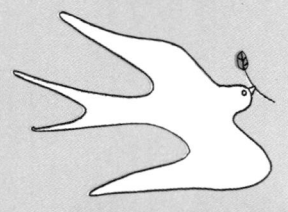

앞으로는 AI(인공지능)가 사람이 해 오던 많은 일을 대신하게 될 것이라고 합니다.

우리는 50년, 100년 뒤가 아니라 바로 몇 년 후의 미래조차 예측하기 어려운 시대에 살고 있습니다.

특히 기술이 빠르게 발전하면 현재 있는 일자리도 변하고, 그에 따라 필요한 사람도 바뀝니다. 그렇게 되면 지금까지 암기해 온 지식과 습득한 기술이 조만간 시대에 뒤처진 것들이 될지도 모릅니다.

"그러면 지금 하는 공부는 쓸모없는 것일까?"

그렇지 않습니다.

"우리는 엄청난 속도로 변화하는 사회에서 무엇을 배워 내 것으로 만들면 좋을까?"

이 질문의 답은 놀라울 정도로 분명합니다.

생각하는 힘, 그러니까 '사고력'을 키우는 것입니다.

'사고思考'라는 말을 들으면 책상 앞에 앉아서 끙끙거리며 문제를 푸는 모습을 떠올릴지도 모르지만, 그 정도로 어려운 것이 아닙니다. 여러분은 지금도 '사고하면서' 이 책을 읽고 있기 때문이죠.

사고한다는 것은 '다음은 어떻게 되는 거지?' '왜 이 사람은 이렇게 한 거지?'와 같은 생각을 하는 것입니다.

예를 들어 여러분은 탐정이 나오는 만화를 읽을 때 '뒤에서 누가 조종하는 거지?' '범인은 역시…'라고 생각하면서 이야기를 따라갈 것입니다. 이것도 사고 작용입니다. 사고하면서 주인공과 함께 **문제를 해결하려고**(=범인을 찾으려고) 하는 것입니다.

이처럼 사고력은 문제 해결력으로 이어집니다. 문제 해결력이 있으면 사회가 어떻게 변해도, 미래를 예측하지 못해도 그때그때 빠르게 대처할 수 있습니다. 그런 사람이 앞으로의 사회에서 더 잘 살아갈 수 있습니다.

'명탐정'이 되려면 어떤 공부가 필요할까?

그렇다면 사고력을 활용해 문제를 해결하는 명탐정이 되기 위해서는 무엇을 배우면 좋을까요?

국어, 수학, 과학, 사회, 영어, 제2외국어, 고전, 국사, 세계사, 윤리, 정치, 경제, 물리, 화학, 생물, 지리, 음악, 미술, 가정, 정보···. 중고등학교에서 배우는 교과목은 세상의 원리를 이해하는 기초 지식이기 때문에 하나도 빼놓을 수 없습니다. 이에 더해 법학, 경제학, 사회학, 미디어학, 국제관계학, 심리학, 철학, 공학, 건축학, 농학, 의학, 약학 그리고 지정학과 종교학 지식까지···.

이 모든 것은 명탐정에게 필수인 듯합니다. 그래도 이렇게 많은 것을 한꺼번에 다 배울 수는 없죠.

하지만 포기는 이릅니다. 왜냐하면 이 가운데 하루빨리 명탐정이 되는 데 도움이 되는 과목이 딱 하나 있기 때문입니다.

자, 여기서 여러분의 사고력이 필요합니다. 어떤 과목을 공부하는 것이 명탐정이 되는 가장 빠른 지름길일까요? 힌트는 모든 과목에서 사용할 수 있는 것을 배우는 과목입니다.

정답은 국어입니다.

'왜 국어지?'

이렇게 생각하는 것도 당연합니다.

영어나 수학이 왠지 모르게 문제 해결에 더 도움이 될 것

같죠? 그런데 우리는 어떤 것을 배우더라도 '말'을 사용합니다. 언어 능력이 없다면 수학 문제도 잘 풀 수 없습니다. 실제로 사람들이 문장 형태로 서술된 수학 문제를 어려워하는 이유는 수학 때문이 아니라 문제를 설명하는 글을 잘 이해하지 못하기 때문이라는 연구 결과도 있습니다.

즉, 모든 과목에서 사용할 수 있는 것이 바로 **'말의 힘'**이고, 이는 국어 공부로 키울 수 있습니다.

언어 능력과 사고력으로
문제를 해결하다

세 살 정도 된 아이가 딸기를 먹으면서 "딸기 간장 줘"라고 말했습니다. 이 말은 딸기를 더 맛있게 해 줄 무언가가 필요하다는 뜻이었습니다.

그런데 아이는 그 무언가의 이름을 몰랐습니다. 그래서 생각한 것이 음식에 뿌리면 맛있어지는 간장이었습니다. 이 아이는 분명 머릿속으로 음식에 뿌리면 맛있어지는 액체를 간장이라고 추측하고, 연유도 '간장이라고 하면 되나?' 하고 생각했을 것입니다.

이 아이는 간장(말)을 생각하고 사용하는 것(사고)으로 무사히 딸기에 연유를 뿌려 먹을 수 있었습니다(문제 해결). 어쩌면 연유라는 새로운 말을 배웠을 수도 있습니다. 완벽한 지식(이 경우는 '연유')이 없어도 문제를 해결한 명탐정이라고 할 수 있습니다.

여러분도 어린 시절에는 이런 식으로 언어 능력과 사고력을 발휘해 많은 문제를 해결해 왔을 것입니다.

저는 지금 인지과학과 인지심리학이라는 분야에서 연구하고 있습니다. 참고로 인지심리학은 탐정에게 꼭 필요한 지식입니다. 저는 연구자가 된 후 지금까지 쭉 언어도 연구하고 있습니다. 인간은 어떻게 말(모국어)을 학습할까요? 애초에 인간의 마음(뇌) 안에 있는 사전에는 어떤 성질이 있을까요? 말을 배우면 사고력은 어떤 영향을 받을까요?

이 연구를 처음 시작했을 때는 챗GPT 같은 AI가 인지과학의 연구 대상이 되리라고는 생각도 해 보지 않았습니다. 하지만 지금은 'AI는 어떻게 사고할까? 혹은 하지 않을까?' 같

은 것도 저의 연구 주제 중 하나입니다.

저 역시 다른 사람들처럼 수년 뒤의 미래가 어떻게 될지는 모릅니다.

죽은 지식이 아닌, 살아 있는 지식을 만들려면

암기만 해서 활용할 수 없는 단편적인 지식을 '**죽은 지식**'이라고 합니다.

반대로 필요할 때 바로 꺼내 쓸 수 있거나 다른 지식과 조합해서 새로운 것을 만들어 낼 수 있는 지식을 '**살아 있는 지식**'이라고 합니다. 예를 들면, 여러분이 자신도 모르는 사이에 익힌 국어에 대한 지식이 바로 대표적인 살아 있는 지식입니다. 앞서 예로 든 '딸기 간장'도 그렇습니다. 아이들은 외운 단어와 문법 지식을 스스로 이리저리 조합해 자신의 의사를 표현할 수 있게 됩니다.

이처럼 살아 있는 지식이란 자유롭게 쓸 수 있는 지식입니다.

학교에서 영어를 배워도 왜 말하기가 어려울까요? 그 이유는 단어와 문법을 따로 암기만 한 죽은 지식이기 때문입니다. 외운 지식은 어떻게 써야 하는지도 함께 이해해야 합니다. 그런데 이 과정이 빠진 것이죠.

모국어로는 외운 것이 자연스럽게 살아 있는 지식이 되지만, 외국어로는 죽은 지식이 되어 버립니다. 그 이유도 이 책에서 하나하나 따져 보겠습니다. 이 문제를 생각하다 보면 '어떻게 하면 영어를 더 잘할 수 있을까?'는 물론 '사고력과 학력을 키우려면?'이라는 질문에도 새로운 답이 나올 것입니다.

이 책에서는 **사고력, 즉 '명탐정이 되기 위한 추론력'을 언어(말)와 같이 생각해 볼 것**입니다. 여러분은 지금 이 순간에도 사고력을 사용하고 있지만, 왠지 모르게 명확하지가 않아서 이해하기 어려운 것도 사실입니다. 이러한 사고력을 언어라는 영역에서 생각해 보려는 시도입니다.

어린아이가 말을 배우는 구조를 연구하다 보면, 말을 아는 것이 꼭 당연한 것은 아니라는 사실을 깨닫게 됩니다. 아이들은 스스로 말의 구조를 발견하고, 말의 의미도 하나씩 찾아냅니다. 여러분도 어릴 때 의식하지는 못했지만 이런 일을 해냈습니다.

도대체 어떻게 그런 대단한 일을 한 것일까요?

먼저 제1장에서는 여러분이 어린 시절에 해냈던 '모국어 습득이라는 대단한 성취'를 떠올리는 것부터 시작하겠습니다.

목차

제1장　우리는 어떻게 말을 배웠을까?

제2장 문제 해결에 필요한 '추론의 힘'

제3장 공부에 필요한 '말의 힘'

제4장 AI 시대의 '생각하는 힘'

제 1 장

인간은 아기였을 때부터 말의 구조를 스스로 발견합니다. 단어의 의미도

스스로 찾아내고, 암기하라는 말을 듣지 않아도 스스로 외웁니다.

여러분도 누가 억지로 가르치지 않았고, 특별히 공부한 적도 없는데

모국어를 습득했습니다. 말 그대로 첫 번째 언어를 특별히 의식하지 않고

배운 것이죠.

그렇다면 여러분은 첫 언어를 어떻게 배운 것일까요?

모국어를 습득하는 방식을 안다면, 영어 공부와 앞으로 다른 외국어를

배우는 데 도움이 될 것입니다. 나아가 스스로 발견하고 생각하고 배우는

과정의 중요성도 깨닫게 될 것입니다.

우리는 어떻게
말을
배웠을까?

◆ 말이 가리키는 범위를 찾는다
'토끼'라는 말의 의미는?

모국어를 배우는 것과 어른이 되어서 외국어 단어를 외우는 것은 완전히 다릅니다.

아기는 누가 가르쳐 주지 않아도 언어를 습득하지만, 중학생이나 고등학생 등 일정한 나이가 되면 외국어를 배울 때 모국어의 도움이 필요합니다. 여러분도 영어 단어를 공부할 때, 모국어의 의미와 세트로 암기할 것입니다.

예를 들어 영어 단어 'rabbit'을 배울 때는 '토끼'라는 뜻이라고 설명을 듣습니다. 그러면 우리는 'rabbit'이 어떤 동물을 뜻하는지 알 수 있습니다. 우리가 이미 '토끼'라는 말의 의미를 알고 있기 때문이죠.

하지만 아기는 처음부터 토끼가 어떤 동물인지 모릅니다. 개, 고양이, 햄스터의 차이도 알지 못한 채 언어를 배우기 시작합니다. 이런 점을 생각하면 모국어 학습이 얼마나 어려운 일인지 알 수 있습니다. 여러분에게 외국어 학습은 '언어 공부의 규칙을 알고 하는 게임'입니다. 반면 모국어 학습은 '규칙을 찾으면서 하는 게임'일지도 모릅니다.

어른이 토끼를 가리키며 "저기 봐, 토끼야!"라고 말합니다. 그 손가락이 가리키는 곳에는 털이 하얗고 귀가 긴 작은 동물이 있습니다. 그러면 아기는 그 동물을 토끼라고 기억합니다.

그렇다면 다른 날에 검은색이나 갈색 토끼를 본다면, 아기는 그것도 토끼라고 생각할까요? 햄스터처럼 더 작거나 귀가 늘어진 토끼는요?

어른들이 이 모든 것을 토끼라고 말할 수 있는 이유는 '토끼'라는 말이 가리키는 범위'를 이미 알고 있기 때문입니다. 하지만 아기는 그 범위를 아직 모르기 때문에 하얀 강아지나 고양이, 햄스터를 보고도 토끼라고 생각할 수 있습니다.

말을 막 배우기 시작한 아기가 동물을 보면 일단 "멍멍" 하는 경우가 있습니다. '멍멍'이라는 말이 가리키는 범위를 아직 이해하지 못했기 때문입니다. 어쩌면 모든 동물을 '멍멍'이라고 생각할지도 모릅니다.

결국 말의 의미를 이해한다는 것은 그 말이 가리키는 대표적인 대상뿐만 아니라 **'사용 가능한 범위'를 알고 있다**는 뜻입니다.

◆ 사물의 특징에 주목한다
레몬도 잎사귀도 '달님'

돌이 지난 아기에게 그림책을 읽어 주던 엄마가 초승달을 가리키며 '달님'이라고 말했습니다. 그러자 이 아기는 소의 뿔이나 완두콩, 크루아상 등을 봐도 '달님'이라고 말하게 되었

습니다. 레몬 조각도, 햇빛을 받은 잎사귀도 이 아기에게는
'달님'입니다.

　이 아기는 아무래도 '달님'에 다음과 같은 특징이 있다고
파악한 것으로 보입니다.

'달님'의 세 가지 특징
- 끝이 뾰족한 초승달 모양(형태)
- 노란색(색깔)
- 반짝거림(상태)

그래서 이 아기는 위 세 가지 중 하나라도 같은 특징이 있으면 그것을 '달님'이라고 부른 것입니다.

하지만 시간이 지나면서 아이는 점점 어느 한 가지 특징에 주목하게 됩니다. 이것은 사물의 이름(명사)을 배운 아이들에게 나타나는 공통적인 특징입니다.

그렇다면 아이는 형태, 색깔, 상태 가운데 어느 것에 주목할까요?

◆ 아이는 무엇에 주목할까?

처음에는 형태, 색깔, 상태에 전부 주목하던 아이도 점차 한 가지 특징에 중점을 두게 됩니다.

그것은 바로 '형태'입니다.

아이가 형태에 주목해 사물의 이름을 기억한다는 사실은 다음 실험으로 확인했습니다.

아이가 모르는 동물(실제로는 존재하지 않는 가상의 동물 인형)에 '소롱이'라는 이름을 붙입니다. 그다음, 그 동물 인형과 아래 ①~③의 동물 인형을 보여 줍니다. 그리고 "뭐가 소롱이야? 소롱이를 줄래?"라고 물어봅니다.

여러분은 무엇이 '소롱이'라고 생각하나요?

여러분은 처음 보여 준 인형과 함께 ①과 ②를 고르지 않았을까요? 우리는 형태가 조금 달라도 같은 카테고리(종류)로 묶어서 생각하기 때문입니다. 연어, 꽁치, 전갱이가 전부 '생선'이라는 카테고리에 속한다고 생각하는 것과 같죠.

만약 아이가 '소롱이=보여 준 동물'이라고 생각했다면, 처

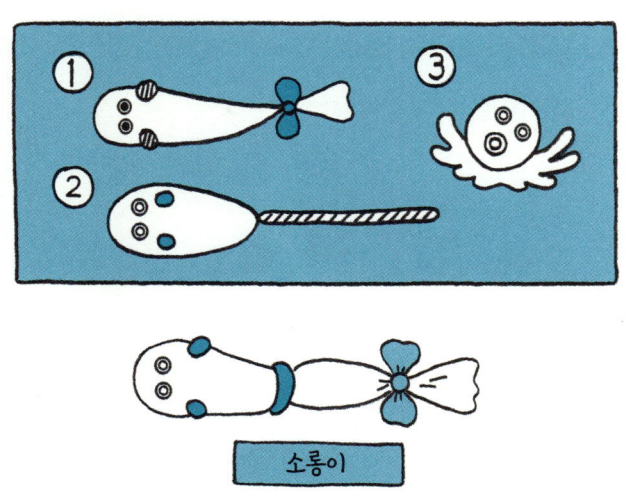

소롱이

음에 보여 준 인형만 선택했을 것입니다. 하지만 실험에서는 대부분의 두 살 아이가 직접 '소롱이'라고 보여 준 인형뿐만 아니라 ①과 ②도 '소롱이'라고 했습니다. 지금까지의 경험으로 사물의 이름은 형태가 비슷하면 크기, 색깔, 무늬가 달라도 같은 말을 쓸 수 있다는 사실을 발견한 것입니다.

결국 아이는 '소롱이'라는 새로운 말을 생선이나 강아지, 고양이와 같은 '카테고리의 이름'이라고 생각한 것입니다.

이처럼 형태가 비슷한 것에 같은 이름이 붙는다는 사실을 알게 되면, 그 지식을 사용해 새로운 말을 하나둘 배워 갈 수 있습니다. 그 결과, 아는 말이 빠르게 늘어납니다. 스스로 발견한 지식은 새로운 지식을 낳습니다. 이것은 지식이 성장하는 원리를 잘 보여 주는 좋은 예입니다.

◆ 아는 말이 늘어나면
추측이 쉬워진다

아이들은 자신이 모르는 말의 의미를 추측하기 위해 이미 알고 있는 말의 지식을 사용합니다. 아는 말이 많을수록 새로운

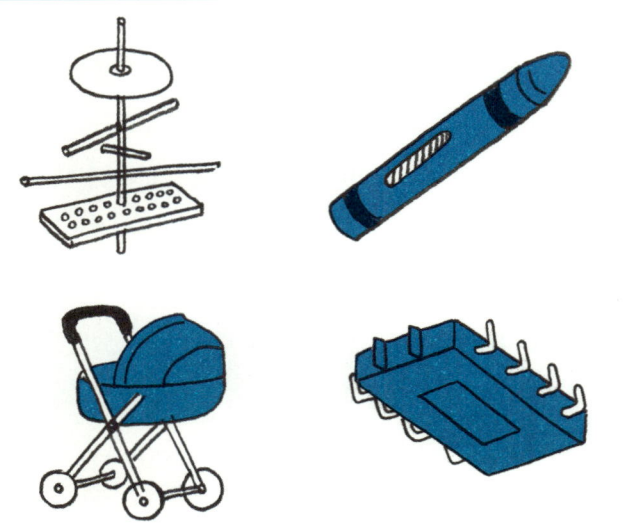

말의 의미를 더 빠르고 정확하게 추측할 수 있습니다.

예를 들어 누군가가 위의 그림을 보면서 "펩은 파란색이야. 펩을 찾아봐"라고 말했다고 해 봅시다.

여러분은 어느 것이 '펩'이라고 생각하나요?

이미 '크레용'과 '유아차'를 알고 있는 여러분은 둘 중 하나를 선택할 것입니다. 왼쪽 위에 있는 그림은 하얀색이니까 제외하면, 오른쪽 아래에 있는 그림이 남습니다. 그래서 이것이 '펩'이라고 생각할 수 있습니다.

만약 아이가 '파란색' '크레용' '유아차'라는 말을 이미 알고 있다면, 여러분이 추측한 것처럼 '펩'의 범위를 좁힐 수 있습니다. 이처럼 알고 있는 말이 많을수록 모르는 말의 의미를 추측하는 것이 쉬워집니다. 아이들은 일상생활에서 이런 식으로 추측을 반복하면서 자연스럽게 새로운 단어를 배웁니다.

반대로 '파란색' '크레용' '유아차'라는 말을 모른다면, '펩'이 네 가지 중 어느 것인지 전혀 알 수 없습니다. 그래서 아이는 다양한 노력을 기울여 모르는 말을 찾아냅니다.

◆ 발견한 것을 다른 상황에
   바로 써 본다

아이들은 말을 찾아내는 명탐정입니다.

프롤로그에서 한 이야기를 떠올려 보세요. "딸기 간장 줘"라고 말한 아이가 원했던 것은 연유였습니다. 하지만 그 이름을 몰라서 '음식에 뿌리면 맛있어지는 것=간장'을 떠올립니다. 음식에 뿌려서 맛을 내는 액체를 간장이라고 말한다고 추측해 연유도 '간장이라고 말하는 게 아닐까?'라고 생각한 것입니다.

즉, '간장'을 사물의 이름이 아니라 **'카테고리'**로 인식한 것입니다. 이 경우의 카테고리는 '음식에 뿌려서 맛을 내는 액체'입니다. 이 예시를 봐도 아이들이 사물의 이름을 외울 때 카테고리로 인식한다는 사실을 알 수 있습니다.

결국 이 아이는 '딸기 간장'이라는 말을 써서 연유를 뿌려 먹는 데 성공했습니다. 이처럼 아이들은 아는 말의 개수가 적어도 자신이 아는 말을 조합해서 말합니다. 그렇게 자신이 하고 싶은 말을 표현하죠.

또 아이들에게는 말의 구조를 스스로 발견하는 멋진 능력이 있습니다. 이 능력은 아이들의 말실수에서 엿볼 수 있습니다.

몇 가지 예를 들어 보겠습니다.

아이는 할머니가 손님에게 "냉수冷水 좀 드세요" 하고 물을 내주는 모습을 봤습니다. 그러면서 '생수生水'가 아니라 '냉수'라고 말한 것을 알아챘죠.

아이는 할머니에게 "왜 냉수라고 해요?"라고 물었고, 할머니는 "날이 더우니까 시원한 물을 좋아하실 것 같아서 '냉'을 단어 앞에 붙인 거야"라고 대답했습니다. 그러자 아이는 바로 집에서 키우는 고양이를 손님에게 소개하면서 "냉고양이입니다"라고 의기양양하게 말했습니다.

이렇게 말을 할 때는 단어에 작은 요소를 추가해 의미를 더하기도 합니다. 예를 들어 '불不'이 붙으면 부정이 되고, '대大'가 붙으면 크다는 의미가 됩니다. '냉수'의 '냉冷'도 그렇습니다.

이 아이는 어른들의 대화를 들으며 정보를 모아 평소와는

다른 요소를 빠르게 발견하고 그 의미를 알아낸 것입니다. 그 뿐만 아니라 자신이 발견한 법칙을 바로 직접 사용했습니다.

이 말실수의 사례는 아이들에게 **말을 분석하고 응용하는 힘**이 있다는 것을 보여 줍니다.

◆ 어른도 미처 몰랐던 관계성을 알아챈다
'던지다'와 '차다'

아이들은 움직임을 나타내는 말도 종종 잘못 사용합니다.

한 아이가 공을 차는 사람을 보고 "발로 공을 던졌다"라고 말했습니다.

저는 이 말을 듣고 진심으로 감탄했습니다. 왜 이 아이는 '던졌다'라는 말을 썼을까요?

'던지다'와 '차다'는 사실 굉장히 비슷한 말입니다. 여러분 도 무엇이 비슷한지 잠시 생각해 보세요. 먼저 던지는 동작과 차는 동작을 머릿속에서 이미지로 그려 봅시다. 비슷한가요? 그냥 보기에는 그다지 비슷하지 않습니다. 손과 발이라는 큰 차이가 있고, 힘을 줄 때 손과 발이 움직이는 모습도 상당히 다릅니다.

그렇다면 도대체 어디가 비슷하다는 것일까요? '던지다'와 '차다'라는 두 동사는 대상, 신체, 움직임, 그 결과 사이의 관계가 같습니다.

> | 1 | 공에 힘을 줘서 공중으로 날아가게 한다.
> | 2 | 공이 공중으로 이동한다.
> | 3 | 공이 원래 있던 곳과 다른 위치에 떨어진다.

이처럼 손이나 발이 아니라 공의 움직임과 그 결과에 주목하면 공통점이 있다는 사실을 알 수 있습니다. "발로 공을 던졌다"라고 말한 아이는 '던지다'와 '차다'라는 동작이 시각적으로 비슷하다고 생각한 것이 아니라 이 두 가지 동사가 나타내는 공의 움직임에 주목한 것입니다.

비슷한 말실수를 하나 더 살펴볼까요? 한 아이가 "이로 입술을 밟다"라고 말했습니다.

먼저 '밟다'와 '깨물다'의 이미지를 떠올려 봅시다. '밟다'는 발로 하는 동작이고, '깨물다'는 이로 무는 행동입니다. 전혀 다른 동작처럼 느껴지죠.

하지만 두 동사 모두 위에서 아래로 힘을 주는 점은 같습니다. 이 아이는 '밟다'라는 동작을 단순히 시각적인 이미지로 기억한 것이 아니라 위에서 아래로 힘을 주는 움직임이라는 사실을 이해하고 깨무는 상황에서도 사용할 수 있다고 생각한 것입니다.

이와 같이 아이들은 때로 어른도 깨닫지 못하는 **대상과 대상 사이의 '추상적인 관계성'을 알아챕니다.**

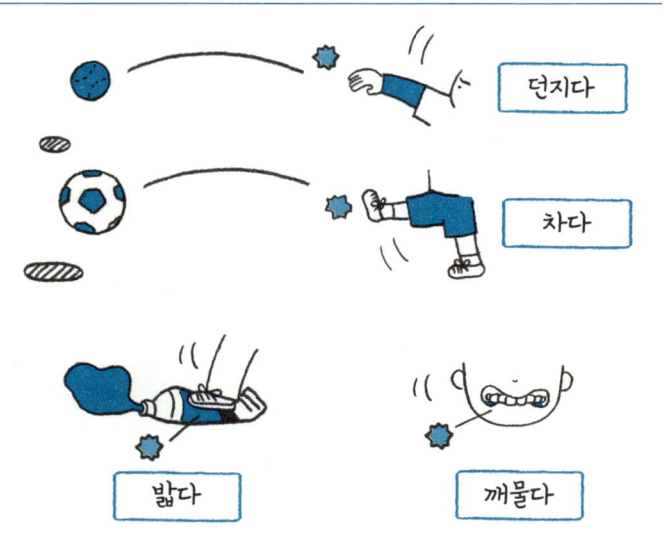

◆ 문법도 스스로 분석해 배운다
'~아니다'와 '안 ~이다'

많은 학생이 현재 영어 문법을 암기하느라 고생하고 있을지도 모릅니다. 지금은 잊었을 뿐 모국어 문법을 배울 때도 꽤 열심히 했을 것입니다. 모국어 습득에서는 먼저 문법을 설명하지 않습니다. 그래서 여러분은 문법 규칙을 스스로 찾으며 모국어를 습득해 왔습니다.

아이들이 자주 하는 말실수 가운데 "안 친구이다"나 "안 선생님이다"가 있습니다. '~이다'의 부정형에는 '~아니다'를 써서 "친구가 아니다" "선생님이 아니다"라고 해야 하는데, 잘못해서 '안 ~이다'로 쓴 것이죠. '안'이라는 부정 표현을 많이 쓰니까 '~이다' 앞에 붙이면 된다고 생각한 것입니다. 부정형으로 쓸 때는 동사에 '안'을 붙이면 된다고 외운 문법 규칙을 '~이다'에도 일괄적으로 적용한 것입니다.

틀리긴 했지만, 굉장히 현명한 말실수입니다.

또 다른 예도 있습니다.

"야구에는 피처(투수)랑 캐처(포수)랑 배처가 있어"라고 말한 아이가 있었습니다. 여기서 '배처'가 무엇인지 짐작이 가

나요? 맞습니다. 배터(batter, 타자)입니다. '피처'와 '캐처'라는 말을 알게 된 아이는 야구에서 무언가 역할을 하는 사람 이름 끝에 '~처'가 붙는다고 생각했습니다. 그래서 타자도 '배처'라고 말한 것입니다.

이렇게 아이들은 자기가 이미 알고 있는 말을 바탕으로 문법 규칙을 발견합니다. 실수도 하지만, 그 과정에서 문법을 익혀 갑니다.

◆ 한자를 읽는 방법도 스스로 발견한다

네 살짜리 아이가 엄마와 함께 슈퍼마켓에 갔습니다. 아이는 신라면을 가리키며 "나 이거 읽을 수 있어. 신라면이라고 쓰여 있는 거지?"라고 말했습니다. 포장지에는 '辛라면'이라고 적혀 있었습니다.

이 아이는 이미 신라면이 어떤 것인지 알고 있었습니다. '辛'이라는 한자를 읽는 방법은 모르지만 이 제품이 '신라면'이라는 사실을 알고 있었고, 한글로 쓰여 있는 '라면'은 읽을 수 있었습니다. 그래서 '辛'을 '신'이라고 읽으면 된다는 사실을 안 것이죠.

엄마는 "맞아. 한자인데 잘 읽었네"라고 칭찬하면서 옆에 놓인 '辛짱구'를 가리키며 읽어 보라고 했습니다. 그러자 아이는 "신짱구!"라고 정확히 읽었습니다.

이처럼 아이들은 이미 알고 있는 지식을 활용해 한자도 자연스럽게 읽을 수 있게 됩니다. 정말 대단합니다. 이렇게 스스로 생각해서 얻은 지식은 다른 사람이 가르쳐 준 것보다 훨씬 더 오래 기억됩니다.

◆ 색 이름은 생각보다 어렵다

세 살쯤 된 아이에게 "파란색이 어떤 색인지 알아?"라고 물어보면, 아이는 "알지. 하늘의 색깔이잖아"라고 자신 있게 대답합니다.

그런데 같은 아이에게 파란색 장난감 블록을 보여 주면서 "이건 무슨 색이야?"라고 물어보면 어떨까요? 의외로 대답하지 못하는 경우가 많습니다. 여러 가지 색깔의 블록 가운데 "파란색 블록을 줘"라고 해도 마찬가지입니다. 아이는 파란색 블록을 찾지 못합니다.

- 파란색 → 하늘의 색, 바다의 색　　　파란 블록 → ?
- 빨간색 → 토마토의 색, 딸기의 색　　　빨간 블록 → ?
- 노란색 → 바나나의 색, 레몬의 색　　　노란 블록 → ?

아이에게 "빨간색은 무슨 색이야?"라고 물으면 토마토의 색이나 딸기의 색이라고 대답합니다. 하지만 빨간색 블록이 무슨 색인지 물으면 모릅니다. 세 살 아이 중에는 파란색, 빨간색, 노란색 블록을 보여 주고 "빨간색을 줘"라고 말해도 제대로 집지 못하는 경우가 많습니다. 이상하지 않나요?

여기서 파란색을 알고 있다는 것, 그러니까 색을 알고 있다는 것이 무엇인지 다시 한번 생각해 봅시다.

여러분은 파란색이라는 말을 아무 생각 없이 사용하지만, 사실 알고 보면 굉장히 복잡한 말입니다. 이 말은 하늘이 파란색이라는 사실을 알고 있는 것만으로는 사용할 수 없습니다. '색깔의 그러데이션 안에서, 이 부분의 색이 파란색'이라고 이해하는 것만으로도 사용할 수 없습니다.

그렇다면 파란색이라는 말을 사용하기 위해서는 무엇을 알아야 할까요? 여러분은 어떻게 파란색이라는 말을 쉽게 사용하는 것일까요?

파란색을 알기 위해 필요한 것은 물색, 남색, 초록색, 보라색 등 파란색에 가까운 색을 나타내는 말입니다. 파란색과 비슷하지만 다른 색을 표현하는 말을 알아야 파란색이라는 말을 정의할 수 있습니다. 이것은 '파란색의 범위'를 안다는 뜻입니다. 그 말의 주변에 있는 말을 알고 옆의 말과 구별할 수 있어야 처음으로 파란색이라는 말을 사용할 수 있게 됩니다.

세 살 정도라면, 물색이 파란색과 어떻게 다른지 거의 모릅니다. 하지만 다섯 살쯤 되면 연한 파란색을 물색이라고 한다는 사실을 알게 됩니다. 그러면 파란색과의 차이가 확실해져서 파란색과 물색을 전부 알게 됩니다. 색을 나타내는 말 전체를 훨씬 깊이 이해하게 되는 것이죠.

◆ 나라와 언어에 따라 다른
   색의 기준

색의 범위는 나라나 언어에 따라 차이가 있습니다.

미국 캘리포니아대학 연구팀은 119개 언어에서 기본적인 색상의 개수를 조사했습니다. 연구 결과를 보면, 기본적인 색상 이름인 '기본 색채 용어(이하 기본명)'의 수는 언어에 따라 차이가 있었습니다. 일본어와 영어는 약 11개로, 비교적 많은 편이었습니다.

이 연구팀은 기본명을 "이것은 무슨 색이야?"라고 물었을 때 "○○" 하고 확실하게 대답할 수 있는 색, 그리고 '황록색(황색+녹색)'처럼 색을 조합한 이름이나 '물색(물+색)'처럼 사물의 이름을 빌린 것이 아닌 색이라고 정의했습니다.

여러분이 떠올릴 수 있는 기본명에는 어떤 것이 있을까요? 참고로 앞에서 예로 든 파란색, 빨간색, 노란색은 모두 기본명입니다.

파란색, 빨간색, 노란색, 검은색, 흰색, 회색, 초록색, 갈색, 보라색, (오렌지색, 핑크색)

일본어의 기본명은 이 정도라고 할 수 있습니다.

오렌지색과 핑크색은 외래어로, 일본어로는 등색(귤색)과 복숭아색이 되기 때문에 기본명에는 들어가지 않습니다. 하지만 대부분 사람은 오렌지색이나 핑크색을 가리키며 "이건 빨간색이야?"라고 물으면 "아니, 오렌지색이야" 또는 "핑크색이야"라고 명확하게 빨간색과 구별해 대답할 것입니다. 그래서 이런 색은 일본어에서 기본명에 넣어도 무방할 듯합니다.

물색이나 황록색도 마찬가지입니다. 물색을 보고 "이건 파란색이야?"라고 물으면 "아니, 물색이야", 황록색을 보고 "이건 초록색이야?"라고 물으면 "아니, 황록색이야"라고 대답할 것입니다. 따라서 이 색들도 일본어에서 기본명처럼 간주할 수 있습니다.

파푸아뉴기니 다니족의 언어는 기본명 수가 가장 적습니다. 이 언어에는 기본명이 두 가지밖에 없죠. 사실, 색의 이름이 3~4개인 언어는 조사 대상인 119개의 언어 가운데 20개였습니다. 4~6개인 언어도 26개나 있었습니다. 가장 많았던 것은 6~7개의 기본명을 가진 언어로, 그 수는 34개였습니다. 오히려 일본어나 영어처럼 기본명이 10개 이상인 것이 드문 경우입니다.

예를 들어 파란색과 초록색을 구별하는 언어는 그렇게 많지 않습니다. 119개 언어 가운데 30개밖에 없습니다. 또한 영어와 일본어처럼 파란색과 초록색을 구별하는 언어라 해도, 그 색이 가리키는 범위는 반드시 같다고 할 수 없습니다. 신호등에서 '진행'을 의미하는 색이 일본어로는 파란색이지만, 영어로는 초록색입니다. 그래서 같은 색을 이야기하는 것 같아도 사실은 다른 색을 말하기도 하죠.

아기들은 말을 배우기 전에도 초록색과 파란색, 빨간색과 핑크색을 구별합니다. 색이 서로 다르다는 사실을 아는 것입니다. 하지만 구별할 수 있는 것과 파란색(초록색)의 의미를 아는 것은 다릅니다. 이 색이 파란색에 들어간다는 것(면 안에 있는 점 가운데 하나라는 것)을 알아도, **점이 이어져 면이 되었을 때 이웃한 단어와의 경계를 알고 면의 범위를 정하지 못하면 그 단어의 의미를 진짜 안다고 할 수 없습니다.**

◆ '양'을 배우면 '멍멍'의 범위가
    좁아진다

아이가 새로운 단어를 하나 배우면, 그 단어는 아이가 이미
알고 있는 다른 단어들과 관계를 맺습니다. 새롭게 외운 단어
가 어휘의 표면에 그대로 딱 붙는 것이 아닙니다. 그 단어가
들어오면서 그것과 관련된 다른 단어의 의미가 변합니다.

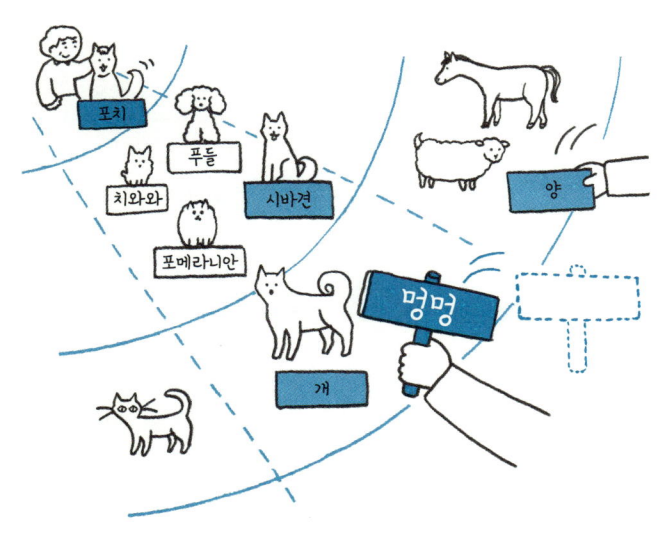

예를 들어 양을 '멍멍'이라고 부르는 아이가 '양'이라는 말을 배웠다고 해 봅시다. 그러면 이 아이는 '양'은 '멍멍'이 아니라는 사실을 알게 되고, '멍멍'의 범위를 '개'에 가깝게 수정합니다.

또한 할머니가 키우는 '시바견'과 옆집에 있는 '푸들'이 '개'와 나란히 쓰이는 개념이 아니라 '개'의 종류라는 사실도 차차 알게 됩니다. 그리고 할머니와 같이 사는 '포치'는 '시바견' 중 한 마리의 이름이라는 사실도 알아챕니다.

> 포치 < 시바견 < 개 < 반려동물 < 동물

'포치'는 '시바견'에 포함되고, '시바견'은 '개'의 한 종류입니다. '개'는 '반려동물'에, '반려동물'은 '동물'에 포함됩니다. 이러한 말 사이의 '포함하다-포함되다'라는 '수직적 관계'를 이해하게 됩니다.

또 사물의 이름에는 '시바견' '푸들' '치와와' '포메라니안'처럼, 그리고 '양' '염소' '개' '고양이'처럼 '대립하는 관계'가 있다는 사실을 알게 됩니다. '양'이라면 '개'가 아니라는 것이죠. 'A라면 B가 아니다'라는 '수평적 관계'입니다.

◆ 말의 범위를 판단하는
    '단서'는 무엇일까?

말에는 수직적 관계와 수평적 관계가 있다는 사실을 알았습니다. 우리는 말을 배울 때 무엇을 단서로 삼아 이러한 관계성을 파악하는 것일까요?

저는 이를 직접 확인하기 위해 두 살 아이들을 대상으로 실험했습니다.

먼저 A 그룹 아이들에게 달걀 모양의 공을 보여 주고, 그 공을 가리키며 "이건 해크야"라고 말했습니다. 아이들은 '해크'라는 말을 듣기 전까지 그것을 '공'이라고 불렀습니다. 하지만 '해크'라는 말을 배운 후에는 "이건 뭐야?"라고 물었을 때 대답이 변했습니다.

아이들은 "이건 해크고, 공이 아니야"라고 말했습니다. 이전에 '공'이라고 부르던 달걀 모양의 물체는 이제 '해크'라는 새로운 물체로 변했습니다. A 그룹 아이들은 '해크'라면 '공'

이 아닌(A라면 B가 아니다) 수평적 관계라고 생각한 것입니다.

이번에는 B 그룹 아이들에게 물방울무늬가 있는 둥근 공을 보여 주고, 마찬가지로 "이건 해크야"라고 말했습니다. 그러자 이 그룹 아이들은 "이건 해크이기도 하고, 공이기도 해"라고 반응했습니다. '해크'를 공의 한 종류라고 생각한 것입니다. 이는 '포함하다-포함되다'라는 수직적 관계죠.

아이들은 무엇을 근거로 수직적 관계 또는 수평적 관계를 판단했을까요? 오른쪽 그림을 보면서 생각해 봅시다.

정답은 바로 '형태'입니다.

원래 카테고리에 맞는 형태라면, 새로운 이름은 알고 있는 이름 아래에 오는(원래 카테고리에 포함된) 것이 됩니다. 수직적 관계입니다. "이건 해크이기도 하고, 공이기도 해"라고 한 B 그룹 아이들의 경우입니다.

반대로 원래 카테고리에서 벗어난 형태라면, 새로운 이름은 알고 있는 이름과는 다른 카테고리를 가리키는 것이 됩니다. 수평적 관계입니다. "이건 해크고, 공이 아니야"라고 한 A 그룹 아이들의 경우입니다.

아이들은 두 살이 되면 어휘가 어떠한 관계를 형성하는지 분석해서 새로운 말이 어디에 들어가는지 생각합니다. **새로**

운 말을 배우면서 이러한 구분법도 같이 알아내는 것입니다.

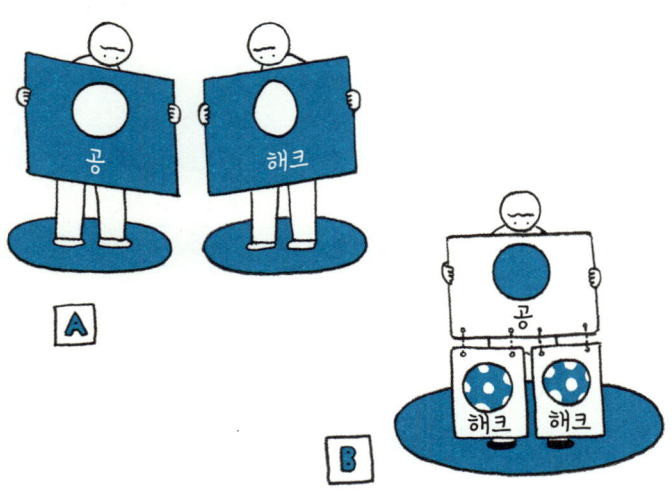

◆ **큰 쥐와**
  작은 코끼리?

말의 중요한 역할 중 하나는 '관계'를 나타내는 것입니다.

  '크다'나 '작다'는 우리가 평소에 자주 쓰는 말입니다. "더 큰 케이크를 먹고 싶어" "내 햄버그스테이크는 너무 작아"처럼 무언가의 크기를 나타낼 때 사용하죠.

하지만 사실 '크다'와 '작다'는 굉장히 추상적인 말입니다. 여기서 잠깐 생각해 봅시다.

• 큰 쥐
• 작은 코끼리

어느 쪽이 더 클까요?

정답은 '작은 코끼리'입니다. 참고로 전 세계에서 가장 큰 쥐로 알려진 카피바라도 전 세계에서 가장 작은 코끼리인 보르네오 코끼리보다 작습니다.

'크다'나 '작다'라는 말을 사용하려면 기준이 필요합니다. 그런데 그 기준을 확실히 말로 하지는 않습니다. 하지만 여러분이 말할 때는 머릿속에 확실히 그 기준을 세웁니다.

그렇다면 다음과 같이 말할 때의 (여러분 머릿속에 있는) 기준, 그러니까 무엇과 비교하는지를 알려 주세요.

• 큰 코끼리

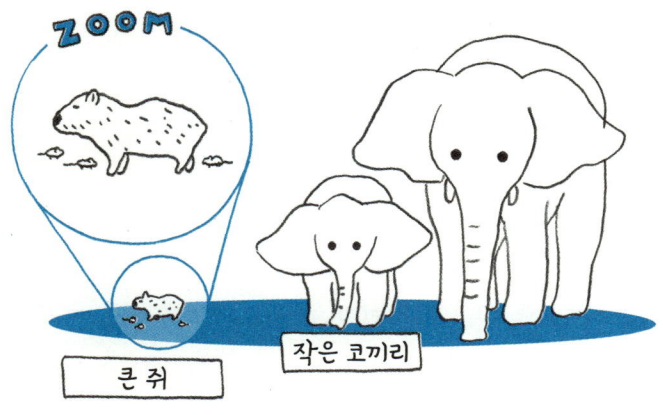

- 코끼리는 크다.
- 이 코끼리는 크다.

"큰 코끼리"라고 말할 때, 여러분의 머릿속에는 다른 코끼리가 있습니다. 그 코끼리와 비교해서 "큰 코끼리"라고 말하는 것입니다.

"코끼리는 크다"라고 하면 비교 대상이 바뀝니다. 여기서는 코끼리와 다른 동물을 비교하는 것입니다. 다만 "이 코끼리는 크다"라고 하면 눈앞에 있는 코끼리를 가리키며 말하는 것이기 때문에 역시 다른 코끼리와 비교하는 것이 됩니다.

이처럼 우리는 '크다'나 '작다'라는 말을 쓸 때 '나'를 기준으로 한 시점이 아니라 다른 것과 비교하거나 다른 것과의 관계성 위에서 보게 됩니다. 이것을 **상대적으로 본다**라고 말합니다.

'크다'나 '작다'라는 말을 쓸 때는 비교하기 위한 **'범위'**의 제한이 필요합니다. 코끼리의 크기를 말할 때는 '코끼리' 또는 '동물'이라는 범위가 필요합니다. 말하는 사람과 듣는 사람이 이 범위를 공유해야 이 말의 의미를 이해할 수 있습니다. 하지만 이 범위는 눈에 보이지 않고, 말하는 사람이 설명하지도 않습니다. 그래서 여러분이 스스로 찾아야 합니다.

아이들은 처음에는 '크다'나 '작다'라는 말을 특정 사물과 연결 지어 생각합니다. '코끼리는 항상 크고 작은 코끼리는 없다' '개미는 항상 작고 큰 개미는 없다'처럼 생각합니다. 그렇지만 곧 작은 코끼리도 있고, 큰 개미도 있다는 사실을 알게 됩니다.

즉, 이 세계를 고정된 것으로 인식하지 않고 상대적으로 볼 수 있게 되죠.

◆ 전후좌우를 알려 주는 '자기 중심축'과 '사물 중심축'

앞(전), 뒤(후), 왼쪽(좌), 오른쪽(우)도 관계성으로 성립되는 상대적인 말입니다. 이러한 말을 사용할 때는 '자기 중심축'인지 '사물 중심축'인지 자연스럽게 인식합니다.

주차장에서 "전면 주차 부탁드립니다"라는 문구를 본 적이 있을 것입니다. 다음에 이러한 글이 쓰인 주차장을 발견한다

면, 꼭 주차된 차의 방향을 확인해 보세요. 분명히 사람들이 통행하는 쪽을 향한 차도 있을 것이고, 반대쪽을 향한 차도 있을 것입니다.

왜 전면 주차를 해 달라는 주의 사항이 쓰여 있는데도 지키지 않는 사람이 있는 것일까요?

아닙니다. 사실, 모두 이 말을 지키고 있습니다. 이것은 '전면'이라는 단어를 사람마다 다르게 인식해서 생긴 일입니다. 어떤 사람은 자신의 진행 방향을 앞이라고 생각하고, 어떤 사람은 통로 방향을 앞이라고 생각합니다.

자신의 진행 방향을 앞이라고 생각하는 사람은 자기 중심축을 가지고 운전하는 '나'를 중심으로 앞을 인식합니다. 그래서 그대로 벽을 향해 '전면으로' 주차합니다. 반면 통로 방향이 앞이라고 생각하는 사람은 사물 중심축을 가지고 통로가 앞, 벽이 뒤라고 인식합니다. 그래서 후진해서 '전면으로' 주차하죠.

이처럼 '앞'이나 '뒤' 같은 방향을 가리키는 말을 사용할 때는 자기 중심축과 사물 중심축이라는 두 가지 축이 있습니다. 말하는 사람은 이러한 말을 할 때 무의식적으로 어느 축인지 결정하고, 듣는 사람은 말하는 사람이 정한 기준을 찾아야 합니다.

물론 이것은 '앞'과 '뒤'라는 말에만 적용되는 것이 아닙니다. '오른쪽'과 '왼쪽'도 마찬가지입니다. 오른쪽과 왼쪽은 동서남북처럼 절대적인 방향을 가리키는 것이 아닙니다. 어디까지나 '나의 오른쪽 또는 왼쪽(자기 중심축)' '○○의 오른쪽 또는 왼쪽(사물 중심축)'을 의미하며, 때에 따라서는 전혀 다른 방향을 가리키기도 합니다. 서로 마주 보고 있는 경우, 나와 상대방의 오른쪽은 반대이기 때문에 나의 오른쪽은 상대방의 왼쪽이 되죠.

저는 일본인이 어떤 식으로 '오른쪽'과 '왼쪽'이라는 말을 사용하는지 실험으로 조사한 적이 있습니다. 모니터로 54쪽 그림을 임의적인 순서로 보여 주면서 '꽃병은 ○○(둥근 의자·의자·로봇·TV)의 _____에 있습니다'라는 문장의 밑줄 부분에 '오른쪽' 또는 '왼쪽'을 넣어 보도록 했습니다. 여러분도 각각의 그림 아래 '오른쪽' 또는 '왼쪽'을 써넣어 보세요.

이 네 가지 그림 가운데 대부분 사람이 "오른쪽에 있다"라고 대답한 것이 있습니다. 어떤 그림일까요?

정답은 둥근 의자 그림입니다.

이 그림을 본 사람은 모두 꽃병은 '오른쪽'에 있다고 대답

꽃병은 둥근 의자의

_____에 있습니다

꽃병은 의자의

_____에 있습니다

꽃병은 로봇의

_____에 있습니다

꽃병은 TV의

_____에 있습니다

했습니다. '나의 오른쪽', 그러니까 자기 중심축으로 인식한 것입니다. 내가 봤을 때 오른쪽에 있다는 것이죠.

반면 '왼쪽'이라고 대답한 사람이 많았던 것은 로봇 그림입니다. "꽃병은 로봇의 왼쪽에 있습니다"라고 대답한 사람이 55%였습니다. 로봇의 왼쪽, 그러니까 사물 중심축으로 대답한 것입니다.

재미있는 결과는 등받이가 있는 의자 그림에서 나타났습니다. 같은 의자인데, 등받이가 있는 의자에서는 '오른쪽'이라고 대답한 사람이 54%였고, '왼쪽'이라고 대답한 사람도 46%나 있었습니다. 내가 등받이 의자에 앉아 있는 모습을 머릿속에 떠올린 것일까요? 의자의 형태에 따라 자기 중심축과 사물 중심축이 변한 특이한 사례입니다.

우리는 이렇게나 복잡한 마음의 작용을 당연하게 여기며 앞, 뒤, 왼쪽, 오른쪽이라는 말을 자유롭게 사용하고 있습니다.

여러분은 모국어를 살아 있는 지식으로 만들기 위해 이렇게나 많은 것을 해 온 것입니다. 나 자신이 자랑스러워지지 않나요?

제 2 장

말은 단순히 암기해서 익히는 것이 아닙니다.

여러분은 어린 시절부터 말의 의미, 범위, 기준을 찾으면서 말해 왔고

지금도 그렇습니다. 형태에 주목하기도 하고, 사물의 관계성을 찾기도

하고, 문법을 분석하거나 한자를 읽는 방법을 발견하기도 합니다.

또 범위를 넓히거나 좁히고, '자기 중심'인지 '사물 중심'인지 기준을

정하기도 합니다.

원래 말에는 확실히 고정된 의미가 없으므로 유연하게 잘 사용하려면

여러 방식으로 시도해 보고 실패하면서 배우는 수밖에 없습니다.

암기만 해서는 말을 잘 사용하기 어렵습니다.

문제 해결에
필요한
'추론의 힘'

제2장에서는 지금까지 살펴본 **'말의 힘'**이 **'생각하는 힘(사고력)'**과 어떤
관련이 있는지 알아보겠습니다. 생각하는 힘은 언어를 학습하면서
성장합니다. 말의 힘과 생각하는 힘은 여러분의 오른발과 왼발 같은
관계입니다. 걸을 때 오른발이 앞으로 나가면 자연스럽게 왼발도
앞으로 나가죠? 이처럼 말의 힘이 성장하면 생각하는 힘도 함께
성장합니다. 생각하는 힘이 세지면 말의 힘도 자연스럽게 세질
것입니다.

◆ '사고력'은
어떤 힘일까?

생각하는 것, 그러니까 '사고'라는 말이 뭔가 어렵게 느껴질 수도 있습니다.

하지만 심리학에서 사용하는 '사고'라는 말이 가리키는 범위는 꽤 넓습니다. 물론 어려운 문제를 곰곰이 생각하는 것도 사고이지만, 편의점에서 크림빵을 살지, 단팥빵을 살지 고민하는 것 역시 사고입니다.

사고란 머릿속에서 깊이 생각하는 것만이 아닙니다. 눈앞에 있는 것을 보거나 이해하거나 기억하는 것도 포함됩니다. 이런 의미에서 우리는 깨어 있는 동안은 항상 사고하고 있다고 할 수 있습니다.

'다음은 어떻게 되는 거지?' '다음에는 어떻게 하지?' 하고 생각하는 것도 훌륭한 사고입니다. 탐정이 등장하는 만화를 보면서 범인이 누구인지 추리해 보고, 편의점에서 크림빵과 단팥빵 중 하나를 선택하고, 숙제를 깜박했을 때 선생님에게 뭐라고 말할지 고민하는 것도 사고입니다.

이처럼 우리는 사고하면서 문제를 해결하려고 합니다. 사고력은 이렇게 문제를 해결하는 힘으로 이어집니다. 이때 중요한 것이 **'추론'**입니다. 손쉽게 문제를 해결해 버리는 명탐정의 가장 큰 특징은 이 추론 능력이 굉장히 뛰어나다는 점입니다.

어떤 사건을 만나더라도, 우리가 가지고 있는 지식과 정보에는 한계가 있습니다. 그렇다면 이런 제한된 지식과 정보만으로 미지의 상황에 잘 대처할 수 있을까요? 여기가 명탐정이 되느냐 마느냐의 갈림길입니다.

사실, 이 추론이라는 작업은 우리도 언어를 학습할 때 반복하고 있습니다. 그런 점에서 모국어를 잘 사용하고 있는 여러분은 이미 탐정이라고 할 수 있습니다. 그렇다면 '언어 탐정'은 도대체 어떤 추론을 매일 하는 것일까요?

◆ 아는 것을 바탕으로 짐작한다
배타적 추론

추론이란 어떤 사실을 바탕으로 모르는 것을 짐작하는 일입니다.

예를 들어 제1장에서 소개한 '파란색 펩'을 찾는 사고 과정이 바로 추론입니다(27쪽). 여러분은 먼저 후보 그림 가운데 두 가지가 '유아차'와 '크레용'이라는 것을 알았습니다. 그리고 하얀색 그림을 제외한 다음 남은 것이 '파란색 펩'이라고 추측했죠?

아주 훌륭한 추론입니다.

이름을 알고 있는 것(A)과 모르는 것(B)이 있을 때, 모르는 것의 이름을 물어보면 'A가 아니므로 이 말은 B다'라고 추론합니다. 이런 추론 방식을 **배타적 추론**이라고 합니다. 여러분도 평소에 자주 하고 있을 것입니다.

만약 다음 세 개의 영어 단어 가운데 '탐정'을 뜻하는 단어를 골라 보라고 한다면, 이 단어를 몰라도 답을 맞힐 수 있습니다.

- daughter
- doctor
- detective

'daughter(딸)'와 'doctor(의사)'를 이미 알고 있다면, 남은 단어인 'detective'가 '탐정'이라고 추론할 수 있습니다.

◆ 같은 관계를 발견한다
유추적 추론

추론에는 **'유추적 추론'**도 있습니다.

'딸기 간장'을 다시 떠올려 보세요. 연유가 필요했던 아이가 음식에 뿌리면 맛있어지는 액체의 이름이 간장이라는 사실을 떠올리고, 이것을 딸기에 응용한 사례입니다. 맛이나 생김새는 다르지만, 음식과 음식을 맛있게 만드는 액체라는 관계가 같다고 생각한 것입니다.

이처럼 관계가 같다는 점을 발견해 모르는 것을 추측하는 추론을 '유추'라고 합니다.

"이로 입술을 밟다"라는 표현도 같은 추론 방식입니다. '밟다'라는 동사가 위에서 사물에 힘을 주는 움직임이라는 사실을 이해하고, 깨무는 상황에도 사용할 수 있다고 생각한 것입니다. '깨물다'라는 말을 모를 때 아주 좋은 추론이죠.

배타적 추론

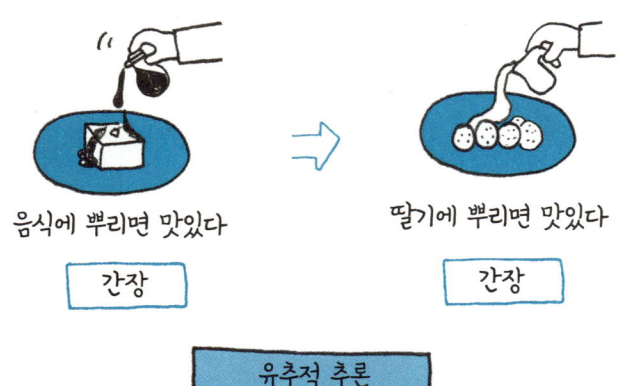

음식에 뿌리면 맛있다

간장

딸기에 뿌리면 맛있다

간장

유추적 추론

◆ 공통 패턴을 찾아 응용한다
귀납적 추론

'피처, 캐처, 배처' 같은 말실수도 추론의 결과입니다. 이는 여러 사례에서 공통된 패턴을 발견해 그것을 새로운 사례에 응용하는 추론입니다. 전문 용어로는 **'귀납적 추론'**이라고 합니다.

영어를 배울 때, 동사 과거형의 불규칙 변화 때문에 영어가 싫어지는 사람이 많을 것입니다. 이런 현상은 원어민 아이도 마찬가지입니다. 종종 "I goed to the pool"처럼 'go'의 과거형을 'went'가 아니라 'goed'라고 잘못 말하기도 하죠.

이런 말실수는 원어민 아이가 일상적으로 사용하는 어휘가 늘어나면서 생깁니다. 많은 어휘를 사용하면서 과거형에는 '-ed'가 붙는다는 사실을 알게 되면 이런 말실수가 튀어나옵니다.

우리는 이렇게 **배타적 추론, 유추적 추론, 귀납적 추론 등을 적절하게 활용하면서 눈앞의 말을 추측합니다.** 이 과정을 반복하면 점차 사용할 수 있는 말이 많아집니다.

이런 추론 방법은 꽤 까다로울 수 있습니다. 여기서 '냉장

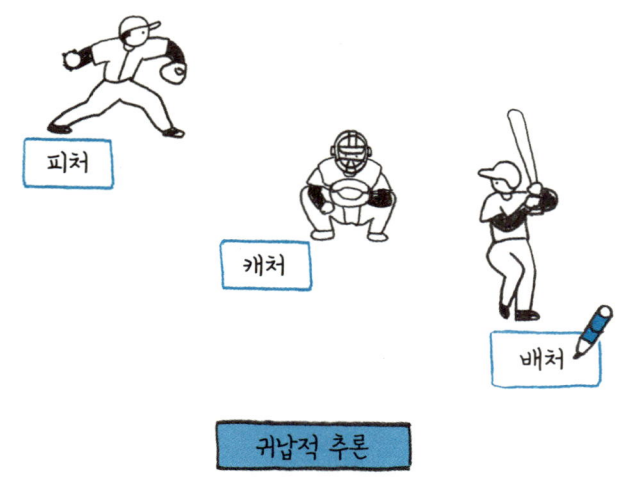

피처

캐처

배처

귀납적 추론

고에 넣어 둔 케이크를 누군가 먹어 버렸다!'라는 '사건'이 발생한 경우를 예로 들어 정리해 봅시다.

'아빠와 엄마는 아직 집에 안 왔으니까 집에 있던 남동생이 먹었다'처럼 'A가 아니니까 B다'라고 생각하는 것은 '배타적 추론'입니다.

'남동생은 슈퍼마켓에서 낮은 위치에 진열된 과자를 쉽게 발견한다. 낮은 위치에 숨겨 둔 케이크를 쉽게 찾아낸 것은 남동생이 틀림없다'처럼 '관계가 같다'라는 사실을 찾아내는 것은 '유추적 추론'입니다.

'남은 아이스크림을 먹은 사람은 남동생' '남은 푸딩을 먹은 사람은 남동생' '남은 비스킷을 먹은 사람은 남동생'이라는 여러 사례로 '케이크를 먹은 사람은 남동생'이라고 생각하는 것은 '귀납적 추론'입니다.

여러분은 이런 추론 능력을 이용해서 모르는 말과 마주치는 문제를 해결하며, 조금씩 새로운 지식을 스스로 만들어 냅니다. 추론하는 힘은 '생각하는 힘'의 핵심이 되는 굉장히 중요한 능력입니다. 그리고 추론을 위해서는 도움을 줄 수 있는 말이 필요합니다. 말에 대한 지식이 많아질수록 문제를 해결하기 위한 기존 정보가 늘어나기 때문이죠.

◆ 눈에 보이지 않는 구조를 파악하는 힘

언어 탐정인 여러분이 사용하는 추론에는 다음 세 가지가 있다는 사실을 알았습니다.

- 배타적 추론: 'A가 아니니까 B다'라고 생각한다.
  → 가설적 추론
- 유추적 추론: '관계가 같다'라는 사실을 발견한다.
  → 가설적 추론
- 귀납적 추론: 다양한 사례를 참고해 생각한다.

마지막으로 한 가지 더, 언어 습득에 중요한 **'가설적 추론'**을 설명하겠습니다. 배타적 추론과 유추적 추론 모두 이 가설적 추론에 포함됩니다.

가설적 추론은 현상의 원인을 설명할 수 있는 가설을 세우거나 서로 다른 분야의 지식을 조합해 **'눈에 보이지 않는 현상을 추론'**하는 것입니다. 먼저 밝혀 두자면, 가설적 추론은 말 그대로 가설이므로 답이 하나가 아니며 틀리는 경우도 있습니다.

이 개념을 처음 접한 분이라면 다소 어렵게 느껴질 수도 있습니다.

하지만 여러분은 매일 가설적 추론을 하고 있습니다. 예를 들어 상대방에게 보낸 메시지에 '읽음' 표시가 떴지만, 답장이 없는 경우를 생각해 봅시다. 여러분은 '나 때문에 화가 났나?' '지금 바쁜가?' '벌써 자나?' 등등 눈에 보이지 않는 상대방의 기분이나 행동을 상상할 것입니다. 이것도 일종의 가설적 추론입니다. 현상(메시지를 읽었지만 답장이 없음)의 원인을 찾아 가설을 세우는 것이죠. 이때 가설은 하나가 아니고, 틀리기도 합니다.

아기는 말을 배울 때 가설적 추론을 합니다. 이 추론의 특징은 현상에서 '눈에 보이지 않는 메커니즘(구조)'을 발견한다는 것입니다.

앞서 소개한 '딸기 간장'의 사례를 다시 살펴보겠습니다. 아이는 딸기에 뿌리는 하얗고 걸쭉한 액체(연유)가 음식을 맛있게 만든다는 메커니즘을 발견했습니다. 하지만 그것이 '연유'라는 말로 불린다는 것을 모릅니다. 그런데 '간장'이라는 말은 알고 있고 간장도 음식을 맛있게 만드는 액체이므로 그 하얗고 걸쭉하고 단 액체를 '딸기 간장'이라고 할 수 있을 것 같다는 가설을 세웠습니다.

'냉고양이'의 사례도 마찬가지입니다. 아이는 할머니가 사용한 '냉수'라는 말을 듣고, 더운 날 시원한 느낌이 나는 '냉'을 붙이면 좋다는 사실을 알아챘습니다. 그래서 고양이에게도 붙일 수 있다는 가설을 세워 바로 응용했죠.

어린 시절에 《개구쟁이 아치》 시리즈를 읽어 본 분도 있을 것입니다. 이 그림책에는 '아치(오빠)'와 '하치(여동생)'가 나옵니다. 그런데 이 그림책을 읽은 한 아이가 자신을 갑자기 '하치'라고 부르기 시작했습니다. 왜 그랬을까요? 힌트는 이 아이의 출생 순서입니다.

네, 맞습니다. 이 아이는 '여동생'이었습니다.

아치와 하치의 관계에서 '오빠와 여동생'이라는 관계성을 발견하고, 여동생을 '하치'라고 부른다는 가설을 세워 자신의 호칭으로 사용하기 시작한 것입니다.

이처럼 우리는 모국어를 습득하기 위해 '딸기 간장' '냉고양이' '하치'와 같은 추론을 반복해 왔습니다.

> **가설적 추론의 3단계**
> | 1 | 가설을 세운다.
> | 2 | 스스로 사용해 본다.
> | 3 | 수정한다.

우리가 말과 개념을 단기간에 빠르게 외울 수 있는 이유는 바로 이 가설적 추론에 있습니다. 몇 안 되는 사례에서 다른 사례로 말의 사용법을 급격하게 확장하거나 비약해서 쓸 수 있기 때문입니다. 한 사례와 다른 한 사례가 같다고 생각하면, 아직 잘 모르는 말도 사용할 수 있습니다.

이렇게 대담하게 말을 사용하면 실수도 많아집니다. 하지만 이 실수가 중요한 부분입니다. 틀렸으니까 수정하고 올바른 말의 범위를 배울 수 있는 것입니다.

모든 동물을 '멍멍'이라고 부르던 아이가 고양이를 봤을 때 "이건 고양이야", 양을 봤을 때 "이건 양이야"라는 말을 들으면, 앞서 소개한 배타적 추론으로 고양이와 양을 '멍멍'에서 제외하면서 '멍멍'의 범위를 수정합니다. "이건 말이야"와 같은 수정으로 '멍멍'의 올바른 범위를 알게 되는 것입니다. 우리는 이런 식으로 말을 배워 갑니다.

가설적 추론은 새로운 지식도 만들어 냅니다. 틀릴 때도 있지만 대담한 가설을 세울 수 있죠. 사과가 나무에서 떨어지는 현상을 수만 번 관찰해도 '만유인력의 법칙'은 발견하지 못합니다. 뉴턴이 새로운 법칙을 발견한 것은 눈에 보이지 않는 메커니즘을 알아차리고 대담한 가설을 세웠기 때문입니다. 기존의 지식을 다른 분야로 확장한 것입니다. 이처럼 가설적 추론은 커다란 발견으로 이어지기도 합니다.

◆ 필요한 정보를 기억에서
　　빠르게 꺼내는 힘

기말고사 역사 시험에서 다음과 같은 주관식 문제가 출제되었습니다. 범위는 가마쿠라 시대입니다.

> 봉건 제도에서 쇼군과 고케닌의 관계를 설명하시오.

　쇼군(장군)과 고케닌(직속 가신)은 어떤 관계였을까요? 이때 '은혜와 봉공'이라는 지식이 떠오른다면 막힘없이 답을 쓸 수 있습니다. 예를 들어 '쇼군에게 은혜를 받아 토지 소유와 지배를 인정받은 고케닌은 쇼군에게 봉공하기 위해 싸웠다'처럼 말이죠.

　반면 '은혜와 봉공'이라는 말이 바로 떠오르지 않았다면 이 문제를 푸는 데 시간이 꽤 오래 걸릴 것입니다. 어쩌면 답을 쓸 수 없을지도 모릅니다.

머릿속에 있는 말을 얼마나 빠르게 꺼낼 수 있을까요? 우물쭈물하지 않고 잽싸게 필요한 정보를 기억에서 꺼낼 수 있다면 그만큼 사고하는 용량을 추론에 사용할 수 있고, 이를 위한 시간도 확보할 수 있습니다.

기억 속에 존재하는, 문제 해결에 필요한 말이나 개념에 접근해 빠르게 꺼낼 수 있는 능력을 **'정보 처리 능력'**이라고 합니다.

이 능력은 나이가 들수록 점점 발달합니다. 아이에 따라 차이는 있지만, 기본적으로 18개월 된 아이보다는 두 살 아이가 훨씬 빠르게 머릿속에서 말을 꺼낼 수 있습니다.

2002년 미국 스탠퍼드대학에서 실시한 실험에서 이와 같은 사실이 확인되었습니다.

실험에서는 먼저 아기를 TV 모니터 앞에 앉힙니다. 그다음에 아기가 알고 있는 것, 예를 들어 토끼와 개 사진을 보여준 뒤 아기에게 "토끼를 봐"라고 말합니다.

아직 두 살이 되지 않은(1세 이상 2세 미만) 아기라도 말한 대로 토끼를 쳐다봅니다. 하지만 처음에는 토끼와 개 사이에서 시선이 흔들리거나, 잠시 개를 바라보다가 겨우 토끼를 보기도 합니다. 하지만 두 살이 되면 "토끼를 봐"라는 말을 들었을 때 바로 토끼로 시선을 돌리게 됩니다.

이 연구에서는 두 살 정도의 아이들 사이에서도 말을 기억에서 꺼내는 속도에 큰 차이가 난다는 사실이 밝혀졌습니다. 아는 말을 꺼내는 능력이 부족한 아이는 모르는 단어를 추측하는 것도 어려워했습니다.

우리는 새로운 단어의 의미를 생각할 때, 이미 알고 있는 단어를 떠올리고 관계성을 생각하며 추측합니다. 시작점이 되는 첫 번째 말을 기억에서 빨리 꺼내지 못하면, 아는 말을 늘리기도 힘들어집니다.

이처럼 문제 해결을 위해 이미 알고 있는 지식을 찾아내서 꺼내는 능력은 말을 잘하기 위해서도 필요합니다. 이렇게 모르는 말의 의미를 추론하는 것이 바로 탐정이 할 것 같은 문제 해결이죠.

◆ 불필요한 정보에 신경 쓰지 않는 힘

또 하나, '생각하는 힘'에 포함되는 중요한 능력으로 사고를 통제하는 힘이 있습니다. 이것을 **'실행 기능'**이라고 합니다. 사고를 통제하기 위해서는 다음과 같은 단계가 필요합니다.

> | 1 | 필요한 정보에 집중해 정보를 주입한다.
> | 2 | 여러 정보를 일시적인 기억 저장소에 모아 두고, 꺼낼 수 있도록 한다.
> | 3 | 불필요한 정보에 주의가 쏠리지 않도록 한다.

예를 들어 국어 시험 문제에 긴 지문이 나왔을 때, 다음과 같은 방식으로 문제를 풀 수 있습니다. 먼저 질문을 읽고, 지문을 볼 때는 포인트가 될 만한 부분에 밑줄을 긋는 등 주의를 기울입니다. 이때 중요한 키워드를 머릿속에 넣습니다(1단계). 지문을 읽으면서 그 키워드를 바로 꺼낼 수 있도록 머릿속에서 정리합니다(2단계). 여기까지 했다면 지문을 다 읽은 후에는 바로 답을 쓸 수 있을 것입니다.

하지만 기억 속의 정보를 빨리 꺼내는 것만으로는 부족합니다. 현실에서는 많은 상황에서 정보가 넘쳐나기 때문이죠. 수많은 정보 가운데 필요한 정보에만 집중하고, 불필요한 정보에 주의가 분산되지 않도록 사고를 통제해야 합니다. 정보에 대한 주의를 통제하는 힘을 실행 기능이라고 합니다(3단계).

실행 기능은 새로운 말을 추측할 때 매우 중요한 역할을 합니다.

우리는 모국어를 습득할 때 대개 '움직임'보다 '사물'에 주목합니다. 예를 들어 곰 인형 탈을 쓴 사람이 손을 흔들고 있다면, 아이는 '손을 흔드는' 동작보다 '곰'이라는 존재에 주목합니다. "곰돌이가 있어"라고 말할 수도 있습니다. 아마 "손을 흔들고 있어"라고 말하지는 않을 것입니다.

그런데 동사를 배우기 위해서는 사물이 아니라 움직임에 주목해야 합니다. 이때 필요 없는 정보에 주의를 돌리지 않는 것이 더 중요해집니다. 예를 들어 곰이 손을 흔드는 장면과 곰이 악수하는 장면을 봤다고 해 봅시다. 동사를 학습하기 위해서는 이 두 가지가 다른 동작이며, 다른 말이 적합하다고 생각해야 합니다.

그리고 곰이 손을 흔드는 장면과 남자가 손을 흔드는 장면

이 같은 동작이며, 같은 말을 쓸 수 있다고 생각해야 합니다. 동사의 의미를 알려면 행위자(곰·남자)에 대한 주의를 자제하고, 행위자와 행위(손을 흔드는 동작)의 관계성에 주목해 관계의 유의성(공통점)을 깨달아야 합니다.

새로운 말이 상태를 나타내는 형용사라면, 상태나 특징에 집중해야 합니다. 예를 들어 '화장실'과 '언니'라는 단어에 '깨끗하다'라는 형용사를 쓸 수 있는 이유는 사물이나 사람

자체에 주의를 기울이는 것이 아니라 그 상태에 집중하기 때문이죠.

◆ 머리에 주입된 지식도 꺼내지 않으면 의미가 없다

'생각하는 힘'이란 '지식을 사용해 추론하고 문제를 해결하는 힘'이라고 할 수 있습니다.

문제를 해결하기 위해서는 추론이 필요합니다. 추론하려면 뇌에 저장된 지식을 빠르게 꺼내는 정보 처리 능력과, 필요한 지식이나 정보에 집중하고 불필요한 정보에서는 시선을 돌리도록 사고를 통제하는 실행 기능이 필수입니다. 이 두가지 능력이 뒷받침되어야 추론이 가능해지고 문제가 해결됩니다.

깔끔하게 정리된 머릿속은 잘 정돈된 냉장고와 비슷합니다.

배가 고픈 '문제'를 해결하기 위해 냉장고를 열었을 때 야채 칸에는 당근, 양파, 감자, 피망, 토마토, 오이가 있고, 냉장실에는 고기, 생선, 두부가 있다고 해 봅시다. 당근, 양파, 감자를 얼른 꺼내고 고기를 손에 쥐었다면 어떤 음식을 만들 수 있을까요?

카레 가루가 있다면 카레를 만들어도 좋고, 고기가 들어간 감자조림도 괜찮을 것입니다. 이날은 카레 가루가 없어서 고기를 넣고 감자조림을 만들었습니다. 이렇게 해서 '배가 고픈' 문제는 무사히 해결되었습니다.

이 과정에서 알 수 있듯이 많은 재료(지식) 중에서 목적에 맞는 것을 빠르게 꺼낼 수 있다면(정보 처리 능력·실행 기능), '무엇을 만들까?'라는 추론도 쉬워집니다. 만약 유통 기한이 지난 것도 포함해 꽉 차 있거나 반대로 아무것도 들어 있지 않은 냉장고였다면 바로 요리에 착수할 수 없었을 것입니다. 이 경우 요리를 포기할 수도 있고, 문제를 해결하는 데 훨씬 더 오랜 시간이 걸리겠죠.

'암기=학력'이라고 생각할 수도 있습니다. 하지만 암기는 정리하지 않은 채 냉장고에 재료만 잔뜩 채워 둔 것과 같습니다. 꺼내서 사용하지 않는다면, 즉 생각하지 않는다면 아무리 많이 채워도 의미가 없습니다. 여러 가지를 단편적으로 암기해도 생각하는 힘이 없다면, 스스로 학습하기 어렵습니다.

우리는 매일 이미 알고 있는 말의 지식을 사용해 새로운 말의 의미를 생각하는 연습을 하고 있습니다. 이 연습을 반복하다 보면 정보 처리 능력과 실행 기능이 향상됩니다. 그러면 추론이 점점 날카로워져서 새로운 말도 늘어납니다. 동시에 생각하는 힘도 커집니다.

말의 힘과 생각하는 힘은 오른발과 왼발처럼 서로를 지지하며 성장해 나갑니다.

제 3 장

여러분이 학생이라면 학력과 관련된 부분이 가장 궁금할 것입니다.

제3장에서는 **'말의 힘'**과 **'학력'**의 관계를 함께 생각해 보겠습니다.

먼저 '말의 힘', 즉 언어 능력과 관련해 두 가지 큰 오해가 있습니다.

하나는 일상생활에서 모국어로 자유롭게 말하고 있다면 언어 능력에

문제가 없다고 생각하는 것입니다. 또 다른 하나는 단어나 한자를 많이

알고 있으면 언어 능력이 뛰어나다고 생각하는 것입니다.

일상생활에서 말하는 데 불편함이 없어도, 많은 단어와 한자를 알고

있어도 그것만으로는 충분하지 않습니다. 학력 신장을 위해 필요한 것은

'추상적인 말'입니다.

공부에
필요한
'말의 힘'

◆ '추상적인 말'이라는 벽

아기 때부터 모국어를 사용하는 환경에서 자라면, 자연스럽게 정확한 발음으로 모국어를 말할 수 있게 됩니다. 여러분도 자신의 모국어에 의문을 가질 만한 일은 거의 없었을 것입니다.

하지만 초등학교에 들어가면서 갑자기 수업이 어렵게 느껴지는 시기가 있었을 수도 있습니다. 지금도 공부가 어렵게 느껴지는 분들도 있을 것입니다.

초등학교 3~4학년 무렵에는 공부가 어렵게 느껴져 흥미를 잃는 아이가 늘어납니다. 이것은 '9세의 벽'이라고 하는 현상입니다. 이 시기부터 여러 교과목에서 추상적인 내용이 등장하기 시작합니다. 그러면 생활 속에서 사용하던 일상적인 말만으로는 내용을 이해하기 어려워집니다.

참고로 '추상'이란 사물의 공통적인 요소나 특성을 뽑아내 정리한 것으로, 반대말은 '구체'입니다. 예를 들어 책상, 의자, 찬장, 소파 등은 구체적인 말이고, 이 사물들의 공통적인 특성을 뽑아내 정리한 추상적인 말이 가구입니다. 마찬가지로 축구나 탁구는 구체적인 말이고, 스포츠는 추상적인 말입니다. 이 책에서 여러 번 언급된 사고와 추론도 추상적인 말입니다.

추상적인 말은 눈으로 볼 수 없기 때문에 이해하기 어렵습니다. 책상이나 의자는 볼 수도 있고 만질 수도 있습니다. 하지만 가구는 직접 볼 수 없죠.

학년이 올라가면 모든 교과목에서 추상적인 말이 등장합니다. 예를 들어 '먹이 사슬' '소화 기관' '포화 수증기량' '밀도' '용해도' 등은 전부 초등학교 과학 시간에 배우는 말이지만, 금방 이미지가 떠오르지는 않습니다. '먹이 사슬'은 눈으로 볼 수 없고, 일상생활에서 들으면서 자연스럽게 기억되는 말도 아닙니다. 이런 추상적인 말이 교과서에 하나하나 나오기 시작하면서 공부가 어려워지고 싫어지는 것입니다.

여러분이 언어 탐정으로서 사용하는 추론력, 분석력, 응용력은 굉장히 훌륭합니다. 그래서 특별한 모국어 훈련을 받지 않고도 일상적인 커뮤니케이션을 할 수 있게 되었습니다. 하지만 안타깝게도 타고난 언어 학습 능력만으로는 공부에 필요한 추상적인 개념을 이해할 수 없습니다.

외국에 뿌리를 둔 학생을 생각해 봅시다. 이 학생은 지금 사는 곳에서 태어나고 자라서 보호자의 모국어는 잘하지 못할 수도 있습니다. 그럼에도 국어 발음이 주변 사람과 다르지 않으면, 보호자는 자녀가 국어를 잘한다고 생각하고 완전히 마음을 놓고 있을지도 모릅니다. 이것은 학교 선생님도 마찬 가지입니다. 학생들의 국어 실력에 전혀 문제가 없다고 생각 할 것입니다.

하지만 학생들은 공부가 어렵다고 느낄 수 있습니다. 그 원인은 어쩌면 추상적인 말 때문일 수도 있습니다. 이로 인해 곤란한 상황이라면 반드시 상담을 받아야 합니다.

학교 선생님이라면 공부 때문에 좌절한 아이, 외국에 뿌리 를 둔 아이가 추상적인 말을 배우는 데 어려움을 겪고 있지 않은지 잘 살펴봐야 합니다. 추상적인 말은 일상에서 자주 사 용하지 않기 때문에 독서 등으로 배워 가야 합니다. 학교에서 공부할 때 사용하는 말은 일상생활에서 쓰는 말과 다릅니다.

◆ 언어 이해가 학습에 중요한 이유
수학과 과학의 경우

국어뿐만 아니라 수학이나 과학에서도 언어 문제로 인해 좌절하는 경우가 자주 있습니다. 초등학교 2학년의 수학 수업을 참관했을 때, 아이들은 다음과 같은 문제를 풀고 있었습니다.

> 14명의 아이가 줄을 서 있습니다.
> 에이타 앞에는 6명이 있습니다.
> 그렇다면 에이타 뒤에는 몇 명이 있을까요?

2학년이 거의 끝나 가는 시기에는 대부분 아이가 덧셈과 뺄셈을 무난히 할 수 있습니다. 그런데 이 문제는 2학년 수학에서 아이들이 어려워하는 것으로 유명합니다. 여러분도 한번 풀어 보세요.

이 문제를 어렵게 만드는 요인은 '앞'이라는 말입니다.

앞서 '전면 주차' 이야기에서도 언급했듯이 '앞'이라는 단어는 굉장히 어려운 말입니다. 이 문제에서는 먼저 아이들이 같은 방향으로 일렬로 서 있고, 서 있는 방향이 '앞'이라고 인식해야 합니다. 이어서 에이타의 '앞'에는 6명이 있고, 에이타는 그 '뒤'에 있다는 사실을 알아야 합니다.

문제에서는 '에이타의 뒤'에 있는 아이의 수를 묻고 있습니다. 전체 14명에서 에이타 앞에 있는 6명뿐만 아니라 에이타 자신도 빼야 에이타 뒤에 몇 명이 있는지 대답할 수 있습니다. 식으로 만들면 '14-6-1=7'이 됩니다.

계산은 어렵지 않지만, 앞과 뒤라는 말을 이해하기 어려워 '난제'가 된 문제입니다.

같은 계산식이 나오는 문제라도 다음과 같이 묻는다면, 아

에이타

이들은 훨씬 쉽게 풀 수 있을 것입니다.

사탕이 14개 있습니다.
에이타의 친구 6명이 한 사람당 하나씩 사탕을 가져갔습니다.
에이타도 사탕 하나를 가져갔습니다.
그렇다면 남은 사탕은 몇 개일까요?

이 경우도 식은 '14-6-1=7'입니다.

추상적인 개념을 이해하는 것은 어른도 어려운 법입니다. 그런데 새롭게 등장한 추상적인 말을 설명할 때 아이들이 이해할 수 없는 말이 여러 개 나온다면 어떨까요?

각각의 말이 애매모호해서 아직 완전히 이해하지도 못했는데, 교과서에는 계속 새로운 추상적인 말이 나옵니다. 그러면 어느 순간 아이들은 선생님의 말을 '국어'로는 이해하지만, 수업 내용은 전혀 이해하지 못하는 상태가 되어 버립니다.

이번에는 과학 교과서에서 신체가 공기를 어떻게 순환시키는지 설명한 글을 살펴보겠습니다.

코와 입으로 들어온 공기는 기관을 지나 좌우의 폐로 들어갑니다. 폐에는 혈관이 지나가며, 공기 중 산소의 일부를 혈액이 받아들입니다. 혈액에서는 이산화탄소가 나옵니다. 그리고 이산화탄소를 많이 포함한 공기는 다시 기관을 거쳐 코나 입으로 나가게 됩니다.

(도쿄서적, 《신편 새로운 과학 6》, 2015년도)

이 글에는 일상에서 잘 사용하지 않는 '기관' '혈관' '산소' '이산화탄소' 같은 말이 한꺼번에 나옵니다. '들어가다' '받아들이다' 같은 복합 동사 또한 어렵게 느껴질 수 있습니다.

이처럼 학교에서 공부하는 데 필요한 말은 일상생활에서 사용하는 말과 다릅니다. 만약 공부할 때 앞이 막힌 것 같은 느낌이 든다면, 말 하나하나의 의미로 다시 돌아가서 필요할 때는 사전을 찾아보며 확인하는 것이 중요합니다.

◆ 말의 의미는 점이 아니라 면이다

영어 단어를 외우다 보면 의미가 많아서 짜증이 나기도 합니다.

예를 들어 'country'에는 '나라, 시골, 지방' 등의 의미가 있습니다. 그래서 사용되는 문맥에 따라 적절하게 해석해야 합니다.

영어뿐만 아니라 다른 언어도 마찬가지입니다.

말의 의미는 단 하나의 상황에서만 쓰이는 '점' 같은 것이 아닙니다. 대부분 말은 사용되는 상황에 따라 조금씩 의미가 달라지는 '면'과 같은 측면이 있습니다. 같은 말이라도 때로는 전혀 다른 의미로 사용되기도 합니다.

예를 들어 '타다'라는 동사를 생각해 봅시다.

'타다' 하면 바로 생각나는 것이 차에 몸을 싣는 장면입니다. 그런데 '경기를 타다' '연줄을 타다'와 같은 사용법도 있습니다. 관용구로 '한배를 타다' '파도를 타다'와 같이 쓰기도 합니다.

만약 '타다'라는 말을 '자동차나 기차 등에 오르다'라는 상황과 연결 지어 의미를 기억했다면, 다른 상황에서 사용되는 '타다'의 의미를 바로 이해하기 어려울 수 있습니다. 이것은 말의 힘이 약한 경우에 일어나는 공통된 문제입니다. 외국어를 배울 때 자주 생기는 문제이기도 합니다.

우선 우리는 **말에는 다양한 의미가 있고, 문맥이나 상황에 따라 그 의미가 달라진다**는 점을 의식해야 합니다.

◆ 새로운 말이 생각하는 힘을 키운다

학력을 키우기 위해서는 추상적인 말이 필요합니다. 그리고 하나의 말에는 여러 가지 의미가 있으며, 그것을 능숙하게 사용할 수 있어야 합니다. 지금까지 이러한 점들을 살펴봤습니다.

말의 힘과 생각하는 힘은 오른발과 왼발처럼 연동되어 있습니다. 그래서 말의 힘이 약하면 생각하는 힘도 커지지 않습니다. 그러면 학교에서 배우는 여러 교과목에 계속 나오는 새로운 말(개념)을 깊이 있게 이해하기 힘듭니다.

예를 들어 '먹이 사슬'이라는 개념을 알기 위해서는 '생태계에서 먹고 먹히는 생물 간의 관계로, 사슬 모양으로 이어진 것이다'라는 문장을 이해할 수 있어야 합니다. 만약 이 문장에서 모르는 단어가 두 개나 나온다면 어떨까요?

○○○에서 먹고 먹히는 생물 간의 관계로, ○○ ○○으로 이어진 것이다.

이 문장으로는 먹이 사슬이라는 새로운 말을 이해할 수 없습니다. 먹이 사슬이라는 말을 알기 위해서는 '생태계'와 '사슬 모양'이라는 말도 필요한 것입니다.

한편, 먹이 사슬이라는 말을 자신의 지식으로 만든다면 다음과 같은 문장을 이해할 수 있게 됩니다.

박테리아와 같은 미생물은 먹이 사슬과 직접적으로 관련이 없다.

'미생물은 먹고 먹히는 생물 간의 관계 바깥에 있구나'라고 생각할 수 있는 것입니다.

이처럼 새로운 말을 하나 알게 되면, 고구마 줄기처럼 관련된 말과 지식이 늘어납니다. 생각하는 힘도 점점 커지게 되죠.

◆ 말을 '살아 있는 지식'으로 만드는 방법

그렇다면 추상적인 말을 외우기만 하면 될까요?

그렇지 않습니다. 중요한 점은 추상적인 의미를 지닌 말을 죽은 지식으로 많이 아는 것이 아닙니다. **지금 가지고 있는 지식과 연결할 수 있는 말을 다양하게 익혀 살아 있는 지식으로 만드는 것**입니다.

A는 수학을 잘하지 못하지만, 속도 계산은 확실하게 합니다. 육상부 장거리 달리기 선수인 A는 항상 속도를 신경 쓰며 연습하고 있습니다. 자신의 신체로 속도를 아는 것입니다. 수업에서 '속도=거리÷시간'이라고 배워도 조금만 지나면 잊어버립니다. 하지만 자신의 신체로 오감을 사용해 익힌 개념은 확실하게 살아 있는 지식이 됩니다.

요리를 좋아하는 B는 중학교에서 탄산수소나트륨을 사용한 실험을 했을 때 '팬케이크가 부풀어 오르는 것은 이 때문이었구나!'라고 알았다고 합니다. 선생님이 탄산수소나트륨은 팬케이크를 만들 때 사용하는 중조, 즉 베이킹 소다와 같다고 말했기 때문입니다.

탄산수소나트륨을 가열하면 물과 이산화탄소가 발생합니다. 이 이산화탄소가 팬케이크를 부풀게 한다는 사실을 실험으로 알게 된 것이죠. 요리는 과학이라는 말처럼 팬케이크 속에서는 실제로 화학 변화가 일어나고 있었습니다.

이처럼 일상생활 속에서 자신의 행동이나 사물 간의 관계성에 주목하게 되면, 지금까지 머릿속에 들어오지 않았던 추상적인 말과 학습 내용이 자신의 신체 및 생활과 밀접한 관련을 맺게 됩니다. 속도라는 추상적인 개념을 몸으로 느낄 수 있습니다. 또 탄산수소나트륨의 작용을 폭신한 팬케이크라는 구체적인 사례로 이해할 수 있습니다. 이것이 추상적인 말을 이해하는 데 굉장히 중요합니다.

말의 의미는 가르치기 어렵습니다.

추상적인 개념을 가리키는 말도 마찬가지입니다. 제가 아무리 온갖 말을 동원해서 여러분에게 '속도'를 설명하려 해도, 쉽게 "알겠다!"라는 말이 나오지는 않을 것입니다. 계산은 할 수 있게 될지도 모릅니다. 하지만 진정으로 속도를 이해하려면, A나 B처럼 그 지식을 자신의 경험 또는 자신 안에 확실히 뿌리내린 지식과 연결 짓는 것이 중요합니다.

이처럼 말을 자신의 신체나 경험과 연결 짓는 것을 전문 용어로 '기호 접지'라고 합니다. 이것은 뒤에서 다시 설명하겠습니다. 매우 중요한 말이니, 꼭 기억해 두시기를 바랍니다.

◆ 외국어 실력은 한국어 사고력에 달려 있다

외국어 학습도 함께 생각해 봅시다.

초등학교 때는 회화 중심이었던 영어 학습이, 중학교에 입학하면서 갑자기 어려워졌다고 느끼는 학생이 많습니다. 어떤 학생은 '어렸을 때부터 영어 회화를 배워 뒀으면 이런 고생은 하지 않았을 텐데…'라고 생각할지도 모릅니다.

여기서 여러분이 알아 뒀으면 하는 아주 중요한 점이 있습니다.

애초에 어린아이는 영어 발음과 단어를 외우는 속도가 빠르다는 것과, 어릴 때 영어 공부를 시작하면 누구나 영어를 자유롭게 구사할 수 있게 된다는 것은 전혀 다른 의미라는 점입니다. 많은 사람이 이 부분을 혼동하고 있습니다.

어린아이가 어른보다 외국어를 배우기 쉽다는 것은 대체로 틀린 말이 아닙니다. 그렇지만 이것이 '어른이 되면 외국어를 배울 수 없다'는 뜻은 아닙니다.

'9세의 벽'은 영어 학습에도 적용됩니다.

영어 고수가 되기 위해서는 추상적인 개념을 내 신체의 일부처럼 영어로 다룰 수 있어야 합니다. 그런데 모국어조차도 '9세의 벽'을 뛰어넘기 어렵다는 사실을 생각하면, 상당히 장벽이 높다는 것을 알 수 있습니다.

글로벌 사회가 되면서 전 세계적으로 문제가 되는 것 중 하나는 '모국어로도, 제2언어로도 사고하지 못하는 아이'의 증가입니다. 예를 들어 일본어를 사용하는 보호자 밑에서 미국에서 태어나 초등학교까지 현지에서 다녔다고 해 봅시다. 일본어와 영어 모두 원어민 수준으로 유창하게 합니다. 저도 부럽습니다.

하지만 정작 본인은 큰 어려움을 겪는 경우가 많습니다.

집에서 쓰는 언어와 사는 나라의 언어, 이 두 가지를 동시에 배워야 합니다. 아이에게는 매우 부담스러운 일입니다. 그런 상황에서 아이는 추상적인 말도 배워야 합니다. 그런데 이것이 또 상당히 어렵죠. 이렇게 되면 언어 습득이 일상 회화 수준에 머물고, 말은 유창하게 하지만 깊이 있는 이야기는 할 수 없게 됩니다.

아이의 언어 발달을 전문적으로 연구하는 저에게 해외에서 아이를 키우는 일본인 보호자들이 상담 요청을 하는 경우가 많습니다. 그럴 때 저는 일본어나 현지 언어 중 어느 쪽이라도 좋으니, 한 언어 학습에 집중해 적어도 하나의 언어로는 추상적인 말을 사용해 깊은 사고를 할 수 있도록 만드는 것이 중요하다고 조언합니다.

몇 개 국어로 일상적인 대화를 할 수 있다고 해서 곧바로 깊은 사고가 가능한 것은 아닙니다. 어느 하나의 언어라도 상관없으니, 그 언어로 추상적인 말을 자유자재로 구사할 수 있도록 하는 것이 중요합니다.

만약 한국에서 자라 한국어가 모국어라면, **추상적인 개념을 생각하고 깊은 사고가 가능할 때까지 확실히 한국어를 공부해야 합니다.** 외국어 실력은 국어 능력의 성장과 함께 향상

됩니다. 따라서 어릴 때부터 영어를 배우지 않아도 전혀 걱정할 필요가 없습니다.

◆ '단어 암기'보다 중요한 것

이제 외국어 학습을 하는 경우를 생각해 봅시다.

많은 학생이 외국어를 암기 과목으로 여기는 듯합니다. 그리고 국어 단어의 핵심 의미와 외국어 단어의 핵심 의미를 세트로 암기합니다.

하지만 국어 단어와 외국어 단어의 의미가 완전히 같은 경우는 거의 없습니다. 각각이 나타내는 의미의 범위가 겹친다고 해도 다른 부분도 큽니다.

예를 들어 대부분 고등학생은 'know'를 '알다'라는 뜻으로 외웁니다. 이렇게 되면 '교복으로 어느 학교 학생인지 안다'를 영어로 쓸 때, 다음처럼 부자연스러운 문장이 됩니다.

We can know the school where they go.

영어가 모국어인 사람은 여기서 'know'를 쓸 수 없다고 말할 것입니다. 실제로는 'know'가 아니라 'identify' 'detect' 'find out'과 같은 동사를 사용합니다. 하지만 영어가 모국어가 아닌 사람은 '알다'라는 말에 이끌려 'know'를 써 버립니다. 이것은 'know=알다'라고 '점'의 지식으로 이 단어를 암기한 폐해입니다.

그렇다면 'know'라는 단어에는 어떤 확산, 그러니까 '면'이 있을까요? 사전을 쓱 읽어 보면 파악할 수 있습니다.

know: (사실·상황·정보 등을) 알다. 깨닫다. 눈치채다. 이해하다. 경험상 알고 있다. (사람과) 아는 사이이다.

'know'에는 위와 같은 뜻이 있습니다. 아무래도 이 단어는 (전부터) 잘 알고 있다는 뜻인 듯합니다.

그렇다면 앞 문장에서 '알다'로 사용되는 단어 'identify'는 어떨까요?

identify: (본인·동일물임을) 확인하다. (사람·사물을 ~라고) 확인하다. 인정하다. 식별하다. 신원을 확인하다.

사전에 '알다'라는 뜻은 없지만, '교복으로 어느 학교 학생인지 안다'라는 의미에서는 적합한 단어입니다. 교복으로 학교를 식별한다는 뜻이기 때문이죠.

We can identify the school from their uniform.

이처럼 적절하게 영작을 하기 위해서는 모국어 단어와 영어 단어의 의미가 반드시 같지는 않다는 점을 의식해야 합니다. 모국어로 '알다'가 'know'인 경우도 있지만 'identify'인 경우도 있습니다.

이런 실수를 반복하면서 'know'와 'identify'가 각각 어떤 문맥에서 사용되는지 자세하게 분석하면 'know'라는 단어를 제대로 사용할 수 있게 됩니다.

비슷한 말의 의미 차이를 제대로 이해하는 것이 영어 단어를 깊이 있게 배우는 지름길입니다. 하나의 단어에 깊이 파고들어 그와 비슷한 단어들과 의미나 사용법이 어떻게 다른지 알아봅시다.

이것은 사실 여러분이 모국어를 습득한 방법과 같습니다.

'양'이라는 말을 배우면서 '양'은 '멍멍'이 아니라는 것을 알고, '멍멍'의 범위를 '개'의 범위에 가깝게 수정했습니다(44쪽). 그리고 지금 여러분은 'identify'라는 단어를 알게 되면서 'know'를 사용할 수 있는 범위를 수정했습니다. 이런 방식으로 조금씩 영어 단어 의미의 폭을 적절하게 조정해 나가는 것이죠.

다음 단어들은 비슷한 뜻으로 번역할 수 있지만, 사용되는 문맥이 다릅니다. 영어 사전을 참고해 차이를 알아봅시다.

- study / learn
- see / watch / look
- wear / put on
- hear / listen
- find / look for

영어 단어는 단독으로 외우지 말고, 비슷한 말과 함께 비교하며 익히는 것이 좋습니다. 이렇게 하면 단어 하나하나의 의미를 더 깊이 이해하고, 살아 있는 지식으로 만들 수 있습니다.

영어를 실제로 사용해 추상적인 내용을 생각하거나 표현

하려면 어떤 방법이 효과적일까요? 바로 영어를 암기하는 것이 아니라 모국어와의 차이를 탐구하고 즐기는 것입니다. 지식을 넓히는 데 중요한 방식은 '비교'입니다. 영어와 모국어를 비교하면, 그전까지 깨닫지 못했던 모국어의 어려움이나 특징을 알 수 있습니다.

◆ 말의 센스를 키운다
세 가지 키포인트

조금이라도 도움이 되도록 언어를 공부할 때 알아 두면 좋은 포인트를 정리해 봤습니다. 모국어와 외국어 학습 모두에 적용할 수 있습니다.

이 점에 주의하면서 학습하면 '말의 센스'가 훨씬 좋아집니다. 그러면 지식으로서 아는 말의 개수가 늘어날 뿐만 아니라 새로운 말을 다양한 상황에서 학습하기가 쉬워집니다.

책도 중간에 멈추지 않고 쓱쓱 넘길 수 있게 됩니다. 책을 읽으면서 몰랐던 말을 알게 되면, 어휘가 풍부해지고 지식도 늘어납니다. 지식이 늘어나면 추론하는 능력도 좋아집니다.

즉, 생각하는 힘을 키울 수 있습니다.

- 말은 그 말과 관련된 말과 함께 외운다.
  → 비슷한 의미의 말, 글에서 함께 쓰이는 말에 주의한다.
- 말의 의미는 '점'이 아니라 확장되는 '면'으로 파악한다.
  → 하나의 말은 다양한 의미를 지니므로 문맥에 맞게 의미를 구분한다.
- 추상적인 말의 의미는 확실하게 본질까지 이해한다.
  → 추상적인 말을 배우면, 새롭게 다른 추상적인 말도 알게 된다.

제 4 장

지금은 많은 학교에서 수업 시간에 태블릿을 사용할 것입니다. 대부분 학생이 공부할 때는 사전 대신 스마트폰을 사용하고, 검색 기능으로 필요한 정보를 알아보죠. 2022년 11월 챗GPT가 혜성처럼 등장해 서비스를 시작한 이후, 이와 같은 생성형 AI를 활용하는 사람도 점점 늘어나고 있습니다.

생성형 AI는 질문하면 거침없이 대답해 줍니다. 그렇다면 생성형 AI는 인간과 똑같이 '사고'하고 있는 것일까요?

심리학에서 말하는 '사고'에는 머릿속으로 문제를 곰곰이 생각하는 것뿐만 아니라 눈앞에 있는 것을 보고 이해하거나 기억하는 것도

AI 시대의
'생각하는 힘'

포함됩니다. 예를 들어 간식으로 A와 B 중 어느 것을 살지 고민하다가

결정하는 것도 사고입니다.

여러분은 지금 이 책을 읽으면서 글의 의미를 계속 생각하고 있습니다.

사고하고 있는 것이죠. 그렇다면 생성형 AI도 이런 식으로 생각하고 있는

것일까요?

◆ 챗GPT의 도쿄대학 시험 성적표

2024년도 도쿄대학 입학시험 문제를 챗GPT가 푼 결과가 신문에 발표되었습니다(〈니혼게이자이 신문〉, 2024년 5월 5일 전자판). 여러분은 챗GPT가 어느 과목에서 높은 점수를 받고, 어느 과목에서 점수가 바닥이었다고 예상하세요?

결과는 다음과 같습니다.

- 영어: 106점(120점 만점)
- 문과 국어: 53점(120점 만점)
- 이과 국어: 38점(80점 만점)
- 문과 수학: 1점(80점 만점)
- 이과 수학: 2점(120점 만점)
- 세계사: 33점(60점 만점)
- 지리: 22점(60점 만점)
- 물리: 5점(60점 만점)
- 화학: 31점(60점 만점)

문과 수학은 1점, 이과 수학은 2점입니다. 이래서는 도저히 도쿄대학에 들어갈 수 없습니다. 물론 챗GPT는 계산을 잘합니다. 하지만 계산을 잘하는 것과 수학 문제를 푸는 것은 다른 문제입니다. 물리도 마찬가지입니다.

가장 높은 점수를 받은 과목은 영어입니다. 챗GPT는 번역이나 요약을 잘해서 높은 점수를 받은 것으로 보입니다. 국어 (현대문, 고문, 한문) 점수가 낮은 이유는 고문이 0점이었기 때문입니다. 문과 국어 중 현대문은 60점 만점에 29점, 한문은 30점 만점에 24점으로 비교적 잘 풀었습니다.

이러한 결과로 추측할 수 있는 것은 챗GPT는 문장을 읽고 번역하거나 정리할 수 있지만, 스스로 생각할 수는 없다는 사실입니다. 질문의 본질적인 의도를 파악하지 못하는 것이죠. 다시 말해, 출제자가 어떤 의도로 문제를 냈는지 이해하지 못한다고 볼 수 있습니다.

챗GPT는 질문과 관련된 지식(또는 쌓이고 모인 지식)을 가지고 있어서 그중 일부를 내놓을 수는 있습니다. 하지만 문제에서 무엇을 묻고 있는지를 정확히 파악하지 못합니다.

챗GPT가 도쿄대학 입시에서 수학 문제를 제대로 풀지 못한 것은 저에게 그다지 놀라운 일이 아니었습니다. 왜냐하면 챗GPT는 초등학교에서 배우는 분수 계산 문제도 종종 정답을 맞히지 못한다는 사실을 확인했기 때문입니다.

◆ 분수를 모르는 챗GPT
거침없이 쓰인 답의 함정

2022년 12월 기준으로 챗GPT(GPT-3.5)에 다음과 같은 문제를 제시해 봤습니다. 여러분도 한번 풀어 보세요.

> | 문제 | 2분의 1과 3분의 1 중 어느 쪽이 더 큰가요?

정답은 당연히 2분의 1입니다. 어쩌면 챗GPT처럼 3분의 1을 선택한 분이 있을 수도 있습니다. 이 문제는 사실 초등학교 5학년에서도 거의 절반에 가까운 아이가 틀렸습니다.

【정답률】
- 초등학교 3학년: 17.6%
- 초등학교 4학년: 22.4%

• 초등학교 5학년: 49.7%

(〈생각하는 달인〉 제3판 테스트, 2020년 10월 히로시마현 후쿠야마시 소재 초등학교 3~5학년 각 150여 명, 총 450여 명 대상)

챗GPT에 3분의 1을 선택한 이유를 물었더니, 다음과 같은 답변이 돌아왔습니다.

"분모가 작으면 분수의 값은 커지기 때문에 3분의 1이 더 큽니다."

이 문장을 읽고 '그렇구나'라고 이해했다면 주의가 필요합니다. 앞부분의 설명은 맞지만, 뒷부분은 그렇지 않습니다. 그럼에도 챗GPT는 앞부분의 결론으로 뒷부분의 문장을 제시합니다.

생성형 AI는 전체 문장을 훑어보고 앞뒤가 맞는지 검증하지는 않습니다. 그래서 이렇게 내용이 쉽게 변할 수 있습니다. 수미일관한 해답을 만들지는 않는 것이죠. 이래서는 도쿄대학 입시 문제를 풀 수 없습니다.

그런데 이때 여러분이 '2분의 1이 3분의 1보다 크다'라는 올바른 지식을 가지고 있지 않으면, 거침없이 쓰인 챗GPT의 문장에 속아 넘어갈 수 있습니다. 글을 줄줄 읽고 '그렇구나'

하고 고개를 끄덕이게 되죠.

이런 현상을 '유창성 효과'라고 합니다. 우리에게는 앞뒤가 맞지 않아도 거침없이 쓰인(들리는) 문장(발언)을 믿어 버리는 경향이 있습니다. **인간은 사실 굉장히 쉽게 속습니다.** 그래서 생성형 AI가 만든 문장을 읽을 때는 우리가 속기 쉬운 존재라는 사실을 먼저 떠올려야 합니다.

◆ 인간의 사고는 AI와 다르다
직관 vs. 확률

GPT-3.5 버전은 앞 문제에 잘 대답하지 못했지만, GPT-4 버전은 정답을 맞혔습니다. 그런데 정답으로 가는 순서가 인간이 사고하는 방식과는 상당히 달랐습니다. GPT-4는 통분해서 답을 도출했습니다.

여러분은 이 문제를 풀 때 굳이 통분하지 않을 것입니다. 어떤 것의 '양'을 1이라고 한다면, 3명에게 나누는 것보다 2명에게 나눴을 때 몫이 더 큽니다. 이렇게 분수라는 '수'를 '양'으로 바꿔서 어느 쪽의 양이 많은지 '직관'으로 판단할 것입니다.

반면 챗GPT에는 인간처럼 수와 양을 대응시키는 직관이 없습니다. 분수가 '어느 정도의 양에 대응하는가' '각각의 양이 서로 어떤 관계에 있는가'를 이해하지 못합니다.

이것은 다음 문제에서도 확인되었습니다. 2023년 4월 25일 기준, GPT-4의 응답을 바탕으로 한 사례입니다.

| 문제 | 다음 세 숫자를 작은 순서대로 나열하면 어떻게 될까요?

99/100   101/100   100

A: 99/100 < 101/100 < 100
B: 100 < 99/100 < 101/100
C: 99/100 < 100 < 101/100

세 숫자의 크기를 비교하는 문제입니다. 정답은 무엇일까요? 99/100와 101/100이 1에 매우 가깝다는 것을 안다면 바로 답을 찾을 수 있습니다. 정답은 A입니다.

하지만 챗GPT의 대답은 C였습니다.

왜 이런 실수를 하는 것일까요?

챗GPT는 인터넷상에 있는 정보를 참조해 답을 찾아냅니다. 아마 참조하는 데이터에 '99, 100, 101'이라는 배열은 굉장히 많이 존재할 것입니다. 반면 '99, 101, 100'이라는 숫자 배열은 거의 존재하지 않았을 것으로 보입니다. 분수의 의미를 이해하지 못하는 챗GPT는 숫자 배열에 착안해 C를 선택했을 가능성이 큽니다.

챗GPT는 왜 틀린 것일까요? 근본적인 원인은 AI가 의미를 이해하지 못하기 때문입니다. 챗GPT에는 해당 분수가 수직선에서 어디쯤 위치하고, 어떤 정수와 어떤 정수 사이에 있는지를 파악하는 직관도 없습니다.

AI의 특징은 의미를 이해하지 못하고, 이러한 직관이 없다는 것입니다. 이것이 인간의 생각하는 힘과의 차이점입니다.

◆ '직관'이란 무엇일까?

'직관'이라고 하면 다소 어렵게 느껴질 수도 있습니다. 구체적인 예시와 함께 살펴보겠습니다.

한 TV 프로그램에 사누키 우동을 만드는 달인이 나왔습니다. 우동의 재료는 밀가루, 소금, 물이 전부입니다. 면발의 탄력은 이 재료들을 배합하는 방법과 발로 반죽을 밟는 힘과 시간에 따라 바뀝니다.

매일 같은 맛과 쫄깃함을 유지하려면, 매일 같은 배합으로 똑같은 힘을 줘서 반죽하면 될까요? 사실은 그렇지 않습니다. 기온과 습도는 매일 달라집니다. 그래서 같은 방식으로 만들어도 완성된 우동의 맛과 면발의 탄력이 달라집니다.

이 달인은 "그날그날 기온과 습도에 따라 소금과 물의 분량을 조금씩 바꾼다"라고 말했습니다. 반죽을 밟는 힘도 조절한다고 합니다. 이처럼 '정도'를 결정할 때는 직관만 믿을 수 있습니다.

이런 직관을 가지는 것은 쉬운 일이 아닙니다.

하지만 우리 모두에게는 자신이 푹 빠져 있는 분야에서 스

스로 노력해 조금씩 조정하며 앞으로 나아가는 것이 있지 않나요? 어쩌면 농구를 할 때 공을 던지거나 피아노를 치면서 손가락의 힘을 조절하는 것일 수도 있습니다. 혹은 게임을 공략할 때 '이쪽으로 가면 안 될 것 같아'라고 느끼는 것도 있죠. 특정한 기술에서 어떠한 직관이 생기려면 오랜 시간이 필요합니다.

공부도 마찬가지입니다. 수식을 풀고 나서 '뭔가 틀린 거 같은데…'라고 느낀다면, 수학적인 직관이 날카로워지고 있는 과정일 수 있습니다. 이 직관이야말로 수학을 배울 때 꼭 필요한 요소입니다. 영어 문장을 쓰고 나서 '뭔가 어색한 것 같아'라고 느끼는 것도 마찬가지입니다.

우리는 평생 많은 것을 배우며, 동시에 직관도 갈고닦습니다.

챗GPT는 이런 직관적 사고를 할 수 없습니다. 또한 상상력도 없습니다. 챗GPT가 할 수 있는 것은 지금까지 쌓인 지식을 요약하고 정리하는 일입니다. 인터넷에 존재하는 수많은 정보를 모아 다음에 올 단어를 확률적으로 계산해 그럴듯하게 자연스러워 보이는 문장을 만드는 것은 정말 잘합니다. 하지만 **진정한 의미로 새로운 지식을 만들어 내는 것은 불가**

능합니다.

이것이 인간과 AI의 차이입니다.

앞서 소개한 우동 달인을 다시 한번 생각해 봅시다.

우동의 맛과 면발은 기온과 습도에 따라 달라진다는 사실을 알고 있다고 해 봅시다. 달인이 매일 우동을 만들 때 온도와 습도의 수치를 입력하고, 그때마다 소금과 물의 양을 측정합니다. 반죽을 발로 밟는 횟수와 강도도 기계로 측정할 수 있습니다.

이런 수치를 전부 입력해 AI에 정보를 제공하면, AI는 '기온과 습도가 ○○일 때 물과 소금은 각각 몇 그램, 발로 밟는 강도는 몇으로 몇 번'이라는 것을 학습하고 알려 줍니다. 이러한 정보를 바탕으로 우동을 만드는 기계도 나올 수 있겠죠. 그 기계로 만든 우동은 달인의 우동과 꽤 비슷해 맛있을 것입니다.

그렇다면 달인과 완전히 같은 맛을 낼 수 있을까요? 아마도 그렇지는 않을 것입니다.

달인은 기온과 습도 이외의 요인을 직관적으로 감지하고 무의식적으로 조절합니다. 이것을 말로 설명하기는 쉽지 않습니다. 이 직관적인 감각이야말로 인간만이 가질 수 있는 숙련된 기술과 창의성의 원천입니다. 이 감각을 완벽하게 AI에 이식할 수는 없을 것입니다.

인간은 배움의 과정에서 생각하고, 실수하고, 그 실수를 스스로 수정하면서 기술을 익히고 직관을 갈고닦습니다. 이 직관이야말로 공부하는 데 굉장히 중요한 요소입니다.

만약 자각 없이 생각하기를 포기하고 생성형 AI를 활용한다면, 여러분의 지성은 엄청난 타격을 받을 것입니다. 왜냐하면 배움에 필수적인 의미를 발견하고 직관을 키우는 기회가 그만큼 줄어들기 때문입니다. 우동 달인이 반죽 기계를 쓰기 시작하면, 스스로 미세하게 조정하면서 반죽하기는 어려워질 것입니다.

어릴 때부터 생성형 AI에 의존해 AI가 답을 알려 주는 데 익숙해져 버리면, 인간이 본래 가진 '의미에 대한 이해'가 사라지고 '직관'을 움직여 새로운 지식을 만들어 낼 수 없게 됩니다. 저는 이 점이 걱정됩니다.

◆ '딱 하나의 답'이
위험한 이유

생성형 AI가 지성에 부정적인 영향을 끼치는 이유는 지금까지 활용해 온 검색과는 큰 차이가 있기 때문입니다.

검색에서는 참조한 지식의 출처가 표시되지만, 생성형 AI는 대부분 하나의 가장 좋은 답만 제시합니다. 검색 엔진은 결과에 순위를 매기기는 하지만, 답을 보여 주지는 않습니다. 하지만 생성형 AI는 딱 하나의 답만 제시합니다. 여기서는 정보를 비교하거나 선택하는 사고의 기능이 작동하지 않습니다.

더 심각한 문제는 그 단 하나의 답이 틀릴 수도 있다는 점입니다. 앞서 언급한 분수 문제 사례처럼 말입니다. 그래서 현재 비즈니스에서 생성형 AI를 쓰는 사람들은 자신이 잘 아는 분야에서만 제한적으로 이 기능을 사용합니다. 모르는 것을 알기 위한 검색 기능으로는 쓰지 않죠.

예를 들어 생성형 AI는 프로그래밍을 잘합니다. 꽤 정밀도가 높은 프로그램도 작성할 수 있다고 합니다. 다만 프로그래밍을 모르는 사람이 이를 그대로 사용하면, 어디가 잘못됐는지 전혀 알 수 없습니다. 숙련된 프로그래머는 이런 식으로 생성형 AI를 사용하지 않습니다. 대개 초기 버전을 생성형 AI로 만들고, 마지막에는 반드시 직접 확인해 오류를 수정한 다음 마무리합니다.

여러분도 생성형 AI를 정보 탐색이나 업무 등에 이용하고 있을지도 모릅니다. 하지만 조사를 목적으로 생성형 AI를 이용할 때는 세심한 주의가 필요합니다. 모르는 내용을 생성형 AI로만 알아보는 것은 추천하지 않습니다.

◆ 외부 장치에 의존하면 '생각하는 힘'을 잃어버린다

제가 가장 우려하는 것은 생성형 AI의 성능이 아니라, 그것을 대하는 학생들의 마음가짐입니다. 어릴 때부터 생성형 AI를 사용하면서 '모르면 생성형 AI에 물어보면 된다'는 생각이 커질까 봐 걱정됩니다. 이것은 스스로 생각하지 않는다는 뜻이기 때문입니다.

생각하는 힘을 키우려면 뇌의 복잡한 작용이 필요합니다. 뇌에 저장된 필요한 지식에 신속하게 접근해 주의를 기울이고, 불필요한 정보에서는 주의를 돌립니다. 그리고 범위를 좁힌 지식을 사용해 다양하게 추론합니다. 이런 과정을 거쳐야 문제를 해결할 수 있습니다.

이렇듯 생각은 매우 복잡한 뇌의 작용입니다.

하지만 생성형 AI와 같은 외부 장치에 답을 의지하는 것이 당연해지면 우리는 생각하지 않게 되고, 또 생각할 수 없게 됩니다. 생각하려면 꾸준한 훈련이 필요하기 때문이죠.

예전에 한 호텔에서 택배를 보냈을 때의 일입니다.

담당인 젊은 직원이 1500엔의 배송료를 "현금으로 부탁드립니다"라고 말했습니다. 마침 잔돈이 없어 1만 엔짜리 지폐를 건넸습니다. 배송료는 1500엔이니까 거스름돈은 8500엔입니다. 암산할 수 있는 범위의 계산이죠.

그런데 그 직원은 스마트폰으로 계산한 다음, 1만 엔이 넘는 돈을 트레이에 올려놓았습니다. 저는 "1만 엔보다 많은데요. 1500엔을 내야 하는데, 1만 엔보다 많이 거슬러 주는 건 이상하지 않나요?"라고 말해 버렸습니다. 그러자 그 직원은 다시 스마트폰으로 계산하더니 "죄송합니다"라고 말하며 8500엔을 트레이 위에 뒀습니다. 한 번 더 스마트폰으로 계산하는 직원의 모습을 보며, 저는 불안함을 느꼈습니다.

그 직원은 '계산은 스마트폰으로 하는 것'이라고 생각했을지도 모릅니다. 아니면 회사에서 그렇게 지시받았을 수도 있겠죠. 사실은 이런 일을 한두 번 겪은 것이 아닙니다. '스마트폰으로 계산하는 것이 정확하지 않을까?'라고 생각할지도 모르지만, 숫자를 잘못 입력하지 않으리라는 보장은 없습니다. 실제로 그날도 잘못 입력해서 받은 돈보다 많은 거스름돈을 주려고 했으니까요.

계산도 생각하는 힘입니다. 외부 장치에 완전히 의존해 버리면, 우리 뇌의 기능은 사라져 버립니다. 뇌의 체조라고 생각하고, 간단한 돈 계산 정도는 암산하는 것이 좋습니다.

생각하는 것도 일종의 습관입니다.

생각을 그만두면 답이 자신의 밖에 있다고 믿게 됩니다. 내가 만들어 내는 것이 아니라 생성형 AI에 물어보면 나오는 것, 스마트폰으로 계산하면 나오는 것이라고 생각하게 됩니다. 이런 사람에게 정답은 단 하나입니다. 왜냐하면 생성형 AI도, 스마트폰 계산기도 항상 하나의 답만 제시하기 때문입니다.

하지만 모든 일에서 답이라는 것은 보통 회색입니다. 흑백으로 확실히 가를 수 있는 경우가 더 적죠. 그래서 우리는 생각해야 합니다.

◆ 효율적으로 지식을 익힐 필요는 없다

저는 대학에서 '인지학습론'이라는 수업을 하고 있습니다.

첫 수업 시간에는 학생들에게 수강 이유를 적어 달라고 요청합니다. 그러면 많은 학생이 효율적으로 지식을 습득하는 법을 배우고 싶다고 씁니다. 만약 짧은 시간 안에 지식을 많이 외우고 싶다면, 제 수업에 나오는 것보다 기억법 강의를 듣는 편이 좋을 것입니다.

단시간에 지식을 많이 외우는 것이 중요하던 시절도 있었습니다. 중국의 '과거' 시험도 그렇습니다. 지식이 매우 많아야 합격할 수 있는 어려운 시험이었습니다. 당시에는 컴퓨터가 없었기 때문에 지식을 많이 축적한 사람이 실제로 도움이 되었습니다.

하지만 요즘 시대에는 검색하면 쉽게 지식이나 정보에 접근할 수 있습니다. 그리고 그것이 중요하지도 않습니다. '검색이 중요한 이유는 많은 정보에 접근할 수 있기 때문이다'라고 생각하는 사람이 많지만, 그것은 오해입니다.

많은 정보가 쏟아지는 시대에는 **정보의 바다에 빠지지 않는 것**이 중요합니다. 스스로 직관적으로 정보를 선별해 소중한 정보와 필요 없는 정보를 구별해야 하죠. **정보를 얻는 것보다 골라내는 힘이 더 필요해졌습니다.** 다시 말하면 정보의 본질을 이해할 필요가 있습니다.

왜냐하면 우리의 기억 용량은 매우 한정되어 있기 때문입니다.

미국 브라운대학의 스티븐 슬로먼 교수에 따르면, 인간의 기억 용량은 겨우 1GB 정도라고 합니다. 최신 아이폰이라면 가장 용량이 적은 모델도 128GB나 됩니다. 그래서 우리는 주입할 정보를 선택하고, 한 번 주입한 정보라도 필요 없다면 지우는 것을 반복해야 합니다.

인간의 정보 처리 능력에는 한계가 있으므로 AI와는 다릅니다. 한정된 정보 처리 능력 내에서 배우기 위해서는 정말 중요한 정보, 즉 정보의 본질을 알고 필요한 정보를 골라내야 합니다. 이렇게 하지 못하면 우리는 정보의 바다에 빠져 허우적거리게 됩니다.

◆ AI 연구자 사이에서 유명한 '기호 접지 문제'

이 책의 마지막에서는 AI 연구자들 사이에서 30여 년 전부터 거론되고 있는 **'기호 접지 문제Symbol Grounding Problem'**를 다루고자 합니다.

앞서 언급했듯이 AI는 언뜻 보면 인간의 말을 이해하는 것 같지만, 실제로는 의미를 이해하지 못합니다. 예를 들어 생성형 AI가 만드는 문장은 '의미를 이해하지 못하는 어떤 기호'를 '의미를 이해하지 못하는 다른 기호'로 치환한 것일 뿐입니다. 아무리 해도 인간이 언어로 전달하려는 진정한 의미와 의도는 그 안에 없습니다. AI가 그 점을 이해하고 있는 것도 아닙니다.

'기호 접지 문제'를 처음으로 지적한 인지과학자 스테반 하르나드 교수는 자신의 저서에서 "만약 중국어를 배우려 할 때 얻을 수 있는 정보원이 중국어 사전(중국어를 중국어로 정의한 사전)밖에 없다면?"이라고 말했습니다. '전혀 의미를 알 수 없는 기호의 의미를, 역시 전혀 의미를 알 수 없는 다른 기호를 사용해서 이해할 수 있을까?'라는 것이 하르나드 교수가 던진 질문이었습니다. 이것이 '기호 접지 문제'입니다.

하르나드 교수는 신체 감각이나 경험과 결합하지 않고 주어진 말을 정의만으로 구사하려는 AI를 '기호에서 기호로 표류하며 한 번도 지면에 착지하지 못하고 계속 돌아야 하는 회전목마'에 비유했습니다.

우리와 달리 AI 안에서는 단어가 경험이나 감각과 대응하지 않습니다. 즉, 신체 감각에 '접지되지 않은' 상태라는 뜻입니다.

이는 분수 문제의 답변에서도 알 수 있습니다. 챗GPT는 분수를 소수로 바꾸는 계산은 순식간에 할 수 있지만, 그 분수가 실제 다양한 상황에서 어느 정도의 '양'에 해당하는지는 전혀 이해하지 못합니다.

예를 들어 2분의 1이나 3분의 1이 둥근 케이크에서 어느 정도의 양인지 전혀 알지 못합니다. 이런 부분을 이해하지 못한 채 숫자(기호)로 계산하고, 숫자(기호)를 비교하는 것이죠. 이 점이 '케이크의 2분의 1은 이 정도'처럼 숫자를 양으로 치환해서 직관적으로 처리하는 인간과 다릅니다.

앞으로 AI는 점점 발전하고 더 거대해진 데이터를 학습해 기법도 더욱 진화할 것입니다. 답변의 정확도도 올라가겠죠.

하지만 인간이 지닌 뛰어난 직관을 얻지는 못할 것입니다. 왜 나하면 직관은 신체 감각을 동반하는 기호 접지에서 나오기 때문입니다.

아기는 말을 배울 때 미지의 소리를 외부 대상과 연결해 의미를 찾고 몸으로 받아들입니다. 여기서부터 추론하고 자신의 힘으로 지식 체계를 만들어 나가죠. 그 과정에서 많은 실수를 반복하면서 말의 범위와 지식을 수정합니다.

이런 시행착오를 반복하다 보면, 말이나 지식을 언제 어떻게 사용할 수 있는지 감각적으로 알게 됩니다. 이것이 살아 있는 지식이 됩니다. 이 내용은 제1장과 제2장에서 자세히 서술한 바와 같습니다.

반면 AI는 이미 존재하는 지식을 재생산하는 것밖에 할 수 없습니다. 심지어 AI를 사용한 요약적인 문장이 대량으로 생성되어 그것이 학습 데이터로 사용된다면, 챗GPT가 만드는 문장은 기존 문장의 축소 재생산에 그칠 수 있습니다. 만약 인간이 그것을 옳다고 믿고 규범으로 삼게 되면, 창의적인 발전은 점점 사라질 것입니다.

물론 AI를 사용하지 말자는 이야기는 아닙니다. 오히려 잘 사용하는 연습이 중요합니다. 챗GPT가 틀린 답을 주는 것을 경험하고, 그대로 받아들이면 안 된다고 이해한 다음, 어떻게 사용하면 편리하고 어떻게 사용하면 좋지 않은 결과를 가져오는지 계속 생각하면서 시행착오를 겪는 것입니다.

이보다 더 중요한 것이 있습니다. 바로 학교에서 배웠던 추상적인 개념을 얼마만큼 생활 경험으로 연결시킬 수 있는가입니다. 달리기하면서 '속도'라는 추상적인 개념을 몸으로 느끼고 그 의미를 파악하는 것처럼 매일의 체험을 추상적인 개념과 연결하는 것입니다. 이것이 '기호 접지'입니다. 우리는 이러한 기호 접지로 말의 의미를 이해하고 배움의 직관을 얻을 수 있습니다.

이렇게 생각하면 인간에게 남은 길은 숙련된 운동 달인처럼 신체나 경험으로 배우고, 직관력을 갈고닦는 방법뿐인지도 모릅니다.

이를 위해서는 틀리는 것도 중요합니다.

앞서 언급한 가설적 추론(66쪽)은 지식을 확장해 발전시키는 추론입니다. 하지만 때로는 잘못된 추론도 생깁니다. 인간은 잘못된 추론을 수없이 하는데, 어떻게 문명이 진화하고 예술과 과학이 발전할 수 있었을까요? 바로 오류를 수정할 수 있는 능력이 있기 때문입니다.

오류를 수정하는 것 또한 가설적 추론입니다. 인간은 실패하면서 많은 것을 배웁니다. 실제로 학습 과학 연구에 따르면, 아직 배우지 않은 문제를 자신이 가진 지식으로 간신히 풀었지만 틀린 경우가, 어렵지 않게 문제를 풀고 답한 경우보다 배움이 깊어져 확실히 뿌리내린다는 사실이 밝혀졌습니다.

생성형 AI를 사용해 간단하게 답을 얻는 것을 당연하게 생각하면, 직관이 발달하지 않을 뿐만 아니라 스스로 어려운 문제를 생각하고 도전해서 실패하는 것을 회피하게 됩니다. '빨리 답을 내서 과제를 끝내고 싶다'라고 생각하게 될 수도 있습니다.

이런 방식으로 공부해서는 지식을 '기호 접지'할 수 없습니다. 결국 왜 그런 답이 나오는지 그 의미를 모르기 때문이죠. 빠르게 답을 내는 것만 잘하게 된다고 배움이 깊어지지는 않습니다.

우리는 앞으로도 쉽게 답이 결정되는 문제만 풀면서 살지는 않을 것입니다. 세상의 시스템과 기술은 점점 더 복잡해져 답이 간단하게 정해지지 않는 문제가 많아질 것입니다.

그러한 상황에서 활약하려면 **추상적인 개념을 자신에게**

접지시켜 신체 일부로 만들 수 있는 사람이 되어야 합니다.
즉, 신체와 경험으로 배워서 스스로 살아 있는 지식을 만들 수
있는 사람입니다.

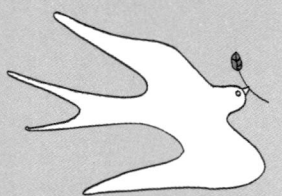

에필로그